"十三五"国家重点出版物出版规划项目

转型时代的中国财经战略论丛

# 公平分配视角下的中国遗产税问题研究

高凤勤 著

中国财经出版传媒集团

经济科学出版社

Economic Science Press

**图书在版编目（CIP）数据**

公平分配视角下的中国遗产税问题研究/高凤勤著．
—北京：经济科学出版社，2017.12
（转型时代的中国财经战略论丛）
ISBN 978 - 7 - 5141 - 8719 - 9

Ⅰ.①公…　Ⅱ.①高…　Ⅲ.①遗产税 - 研究 - 中国
Ⅳ.①F812.424

中国版本图书馆 CIP 数据核字（2017）第 291584 号

责任编辑：于海汛　段小青
责任校对：靳玉环
责任印制：潘泽新

**公平分配视角下的中国遗产税问题研究**
高凤勤　著
经济科学出版社出版、发行　新华书店经销
社址：北京市海淀区阜成路甲 28 号　邮编：100142
总编部电话：010 - 88191217　发行部电话：010 - 88191522
网址：www.esp.com.cn
电子邮件：esp@ esp.com.cn
天猫网店：经济科学出版社旗舰店
网址：http://jjkxcbs.tmall.com
固安华明印业有限公司印装
710×1000　16 开　11.25 印张　180000 字
2017 年 12 月第 1 版　2017 年 12 月第 1 次印刷
ISBN 978 - 7 - 5141 - 8719 - 9　定价：28.00 元
（图书出现印装问题，本社负责调换。电话：010 - 88191510）
（版权所有　侵权必究　举报电话：010 - 88191586
电子邮箱：dbts@ esp.com.cn）

# 总　序

《转型时代的中国财经战略论丛》（以下简称《论丛》）是山东财经大学"特色名校工程"建设的特色项目和重要成果，也是经济科学出版社与山东财经大学合作推出的系列学术专著出版计划的一部分，更是山东财经大学近年来致力于学术兴校战略一批青年学者在经济和管理研究方面的部分成果汇报。

山东财经大学是一所办学历史悠久、财经特色鲜明、综合实力突出，在国内外有一定影响的普通高等财经院校。学校于 2011 年由原山东经济学院和原山东财政学院合并组建而成。2012 年成功实现财政部、教育部、山东省人民政府三方共建。2013 年获得博士学位授予权，并入选山东省"省部共建人才培养特色名校立项建设单位"。山东财经大学还是中俄经济类大学联盟创始高校之一、中国财政发展 2011 协同创新中心和中国会计改革与发展 2011 协同创新理事单位。学校的发展为教师从事科学研究创造了良好环境和宽广平台。近年来，学校以建设全国一流财经特色名校为目标，深入实施"特色名校工程"，大力推进改革创新，学校发展平台拓宽，办学层次提高，综合实力增强，社会声誉提升，学校进入了内涵发展的新阶段。为推进"特色名校工程"建设，学校修订了科研成果认定和奖励制度，完善了科研评价与激励机制，同时实行"优秀青年人才特殊支持计划"和"青年教师境外研修计划"等，为青年教师脱颖而出和学术成长提供了政策保障。

随着经济全球化、区域一体化、文化多样化深入发展，新一轮科技革命和产业变革蓄势待发，我国经济发展进入新常态，但发展方式粗放、创新能力不强、资源环境约束加大等不平衡、不协调、不可持续问题依然突出，迫切需要更多依靠创新驱动谋求转型发展的出路。为了应对当今世界的深刻变革，我国启动了"双一流"建设，对财经学科发展提出了严峻挑战，同时又面临难得的机遇。作为以经管学科为主的财经类大学，如何坚持科研服务社会、服务人才培养的方向，主动适应实施创新驱动战略的要求，自觉对接国家和区域重大战略需求，充分发挥在经济和管理研究领域的优势，为国家和区域经济社会发展提供更大智力支持、培养更多高质量人才，一直是财经类大学更好履行使命的重要职责。《论丛》的出版，从某种程度上应和了这种趋势和需求，同时，展现了山东财经大学"特色名校工程"的建设成效和进展，对激励学者潜心研究、促进学术繁荣发展、加强对外学术交流和扩大学校社会影响具有重要推动作用。

作为山东财经大学从事财经教育和人文社科研究的青年学者，都要积极应对和研究时代赋予的重大命题，以求是创新的精神风貌，遵循科研规律，坚持教研相长，长于独立思考，善于团结协作，耐得住寂寞，放得下功利，才能不断推进学术创新，勇攀科学高峰，孕育无愧于时代的精品力作，努力成为社会科学创新的新生力量。

《论丛》的出版凝结了山东财经大学青年学者的心血和汗水，尽管可能存在一些不足，但是正如哲人所言"良好的开端就成功了一半"。相信只要青年学者们持之以恒，不辍耕耘，必能结出更加丰硕的成果。伴随着中国经济发展、改革和转型步伐的加快，我们期待着有更多更好的学术成果问世！真诚欢迎专家、同行和广大读者批评指正。

山东财经大学校长

2016 年 5 月 17 日

# 前　言

转型时代的中国财经战略论丛

21 世纪以来，贫富差距问题已成为一个世界难题，如何消除代际分配产生的财富不公问题依然为中外学者所关注。具体到我国而言，随着我国经济的迅速发展，我国的贫富差距也在不断扩大。遗产税作为一种调节财富分配的社会价值符号，对调节居民财富分配发挥着不可或缺的重要作用，这一点从 OCED 等主要市场经济国家遗产税的政策实践得到了验证。本书以分配正义理论和税收公平理论为理论基础，分析了遗产税促进公平分配的作用机理和运行机制，以 2010 年的 CFPS 调研数据为微观数据模拟测度遗产税在我国的公平分配作用，探究了我国是否具备开征遗产税的可行性。在对遗产税国际政策实践考察的基础上，结合我国的经济社会状况，提出我国今后一段时间内的遗产税政策选择。

全书共分 6 章，基本内容和观点概述如下：

第 1 章　导论。陈述选题的背景、意义；通过对国内外学者遗产税相关研究的进行综述，捕捉中外学者研究遗产税的思路、内容和范式，为全文的具体研究提供可资借鉴的思路、方法和工具，进而为现阶段研究遗产税促进公平分配问题提供研究范式；简述研究的主要思路、研究内容和研究方法，并指出研究的创新点以及今后的努力方向。

第 2 章　遗产税促进公平分配的理论基础。该章主要从分配正义和税收公平两个维度出发，深入分析了古今中外的分配正义理论和税收公平理论，从而为分析遗产税的公平分配效应提供了理论渊源。

第 3 章　遗产税促进公平分配的一般分析。该章从市场机制与政府干预的关系入手，在解析遗产税促进公平分配内在逻辑的基础上，探究市场演进过程中的政府职能变化，揭示遗产税调节财富分配的内在动因，为第 4 章和第 5 章的实证分析提供理论支撑。

第4章　遗产税公平分配效应的实证分析。文章根据微观数据实证分析我国遗产继承的特征及对财富分配不公的影响，模拟推算遗产税的再分配效果，从而得出我国征收遗产税的可行性。

第5章　遗产税国际政策实践与启示。通过分析以英、美、日等发达国家为代表的 OECD 国家和巴西、南非、俄罗斯等金砖国家以及其他国家在内的主要市场经济国家的遗产税政策实践，总结遗产税的公平分配效果，从中找出可资我国遗产税改革借鉴的成功做法与经验启示。

第6章　基本结论与政策建议。结合前文的理论阐述和实证分析，从我国当前的国情出发，提出我国遗产税的改革思路。

# 目　录

# 第1章 导　论

## 1.1　研究的背景与意义

### 1.1.1　研究背景

进入 21 世纪以来，世界各国的贫富差距持续扩大，财富分配失衡问题进一步凸显，贫富差距过大已经成为一个世界性难题。"即便是以强烈拥护自由资本主义制度和市场竞争著称的美国和英国也有 41% 与 67% 的人要求政府采取再分配行动"。[①] 与之类似，我国城乡间、地区间、行业间等不同群体的贫富差距同样呈现出不断扩大的趋势。据有关统计数据显示，我国的基尼系数在 2000 年突破了 0.4 的国际警戒线后，2008 年则高达 0.491，尽管从 2009 年至 2014 年我国的基尼系数一直下降，但 2014 年的基尼系数仍然达到了 0.469，2015 年后虽然降至 0.462，但在 2016 年又反弹至 0.465。[②] 这表明我国的部分社会财富向少数人集中的趋势进一步恶化，不仅体现为居民代内财富分配差距的扩大，同时也体现为代际财富分配的失衡，如近年来我国出现的"富二代"现象就是财富代际分配失衡的一个典型例证。而财富分配格局的失衡势必引发诸多社会问题，影响我国的经济发展和社会稳定（胡联合、

---

[①]　罗兰·贝格等著，何卫宁译：《破解收入分配难题》，新华出版社 2012 年版，第 1 ~ 10 页。

[②]　国家统计局网站。

胡鞍钢，2007）。[1]

由此可见，无论是发展中国家还是发达国家都面临着贫富差距过大带来的一系列经济、社会问题。税收作为政府调节居民财富分配的主要政策工具有着其深刻的理论渊源和政策依据，税收政策作为政府调节收入分配的有力工具，对促进公平分配具有其独特性，是其他宏观经济政策无法替代的。

纵观世界各国的现行税收制度，发达国家主要采用所得税、财产税调节贫富差距问题，其中，遗产税是调节代际财富分配公平的主要政策手段，但是在遗产税的运用过程中，由于考虑到公平与效率的关系，一些国家或地区停征了遗产税，如中国香港等。有的国家和地区反而加大了遗产税的征收幅度，如 2008 年金融危机后的日本和中国台湾地区。日本主要是提高了遗产税的税率水平并降低了税前扣除额，目前日本的遗产税税率为 10% ~ 55% 的八级超额累进税率，最高边际税率高达 55%。[2] 此外，日本还准备加大对移居海外者的遗产税及馈赠税的征管，将移居海外超过 5 年不纳税改为不超过 10 年。中国台湾地区则在 2017 年 4 月通过了《遗产及赠与税法》修正草案，拟将目前 10% 的单一比例税率调整为 10%、15%、20% 的三级超额累进税率。还有的国家在停止征收一段时间后，出于公平分配的考虑又重新征收的遗产税。例如，美国在 2010 年停征了一年的遗产税后，2011 年开始复征，尽管目前还没有恢复到原来的税负水平，但是仍在逐年提高遗产税的税率。虽然特朗普总统上任后，为激励小企业主，提出要废除遗产税和隔代财产转移税，但能否落地还不知晓，而且招致巴菲特等富人的激烈反对。我国曾在民国时期征收遗产税，新中国成立后，遗产税虽然列入了 1950 年的税法要则，但由于居民收入水平低，我国长期以来没有考虑过征收遗产税的问题。改革开放后，伴随着经济的快速增长，贫富差距也不断扩大，因此，我国曾在 2004 年提出过遗产税的草案，但是在 2006 年中国香港停征了遗产税以后，考虑到遗产税的负面效应以及我国目前是否具备征收遗产税的条件等问题，我国的遗产税一直处于理论探讨层面，即便是我国目前

---

　　[1]　胡联合、胡鞍钢：《贫富差距是如何影响社会稳定的？》，载《江西社会科学》2007 年第 9 期，第 142 ~ 151 页。

　　[2]　日本国税厅：https：//www.nta.go.jp/shiraberu/ippanjoho/pamph/koho/kurashi/html/05_4.htm。

的贫富差距问题，尤其是阶层利益固化引发的代际分配不公以及由此引发的经济社会问题已经较为严峻，遗产税仍处于讨论阶段。

党的十六大报告明确指出"坚持效率优先、兼顾公平，既要提倡奉献精神，又要落实分配政策，既要反对平均主义，又要防止收入悬殊。初次分配注重效率，发挥市场的作用，鼓励一部分人通过诚实劳动、合法经营先富起来。再分配注重公平，加强政府对收入分配的调节职能，调节差距过大的收入"。党的十七大又首次提出了"逐步提高居民收入在国民收入中的比重，提高劳动报酬在初次分配中的比重"。党的十八大报告进一步指出，调整国民收入分配格局，着力解决收入分配差距较大问题，使发展成果更多更公平惠及全体人民，朝着共同富裕方向稳步前进。党的十八届三中全会也明确提出了要规范收入分配秩序，加大税收的调节力度。与之相适应，我国的税制改革也体现了这一发展路径，1994 年的分税制改革更多地关注了效率问题，而十八届三中全会提出了的"提高直接税比重"并"稳定税负"的改革目标预示着我国今后的税制改革逐步向公平倾斜。

那么，在我国财富分配严重失衡，而且对遗产税开征与否争议较大的情况下，能否通过遗产税的开征解决我国的代际财富分配不公及其产生的代内财富分配失衡问题值得我们探讨。尽管很多专家学者呼吁要通过遗产税缩小贫富差距，但与之相反，很多学者认为我国无论是在政治层面、文化传统、经济发展、征管水平和配套机制等各个方面都不具备征收遗产税的条件。我们以为，无论是赞成也好，反对也罢，都说明遗产税问题已经成为我国学界关注的热点问题，在现实条件下，研究我国的遗产税问题具有一定的理论意义和现实价值。

## 1.1.2　研究意义

### 1. 理论意义

基于公平分配的角度研究我国的遗产税问题具有一定的理论意义，这主要体现在以下几个方面：

（1）有利于构建遗产税调控居民财富分配尤其是代际分配的研究框架。从公平分配角度出发，研究遗产税调节财富分配的微观经济效应和宏观经济效应有利于构建遗产税促进公平分配的分析框架。通过剖析遗产税的公平分配效应，揭示遗产税调节居民财富分配效应的内在作用机理，从而有助于构建遗产税政策研究的理论框架。

（2）有利于推进税收分配理论的发展。长期以来，税收分配效应研究的缺陷主要在于缺失了税收代际分配效应的研究，而从居民财富分配角度出发，研究遗产税的分配效应，恰好弥补了这一缺陷。遗产税对居民消费、储蓄、代际财产转移等行为选择的影响叠加起来就构成了遗产税调控居民财富分配的税收分配效应，从而使得建立在微观研究基础上的税收代际分配效应不再是"无源之水，无本之木"，为政府的税制改革提供了相应的微观基础。

（3）有利于促进相关学科的融合发展。财富分配是整个经济学理论体系的核心部分之一，其他相关理论的研究离不开居民这个微观基础的研究。而以居民为主体展开的遗产税制度效应研究几乎涉及了包括公平分配理论、消费者行为理论、劳动力供给理论、资本市场理论等在内的微观经济理论，通过遗产税这条研究主线将微观经济理论融合在一起，促进了这些学科的共同发展；同时，作为税收经济理论组成部分的遗产税制度本身就属于宏观经济理论的一个组成部分，通过遗产税研究将宏观经济理论和微观经济理论联结起来，有利于整个经济理论体系的发展与完善。

## 2. 现实意义

在深入研究我国当前遗产税开征背景的基础上，分析我国贫富差距现状和现阶段我国税收政策调节财富分配的有效性，在国际经验借鉴的基础上提出我国遗产税的政策选择，对我国的税制深化改革具有一定的实践意义。

（1）有利于促进我国居民财富的公平分配。我国现阶段的税收政策在促进财富公平分配方面发挥了积极的作用，特别是1994年分税制改革以来，税收政策在促进公平分配方面更是功不可没。但是，由于我国的税制结构以流转税为主，加上我国税收政策本身的缺陷导致了税收政策再分配乏力，因此，我国的税收政策在调节财富分配方面收效甚微，更谈不上代际财富分配的公平问题。通过对我国遗产税问题的研究，有利于发现我国现行税收政策在促进居民财富公平分配过程中存在的问题，通过税制改革，能够更好地发挥税收的调控功能，从而促进我国经济社会的可持续发展。

（2）有利于促进财富分配制度的建立与完善。随着我国市场经济的快速发展，我国居民财富分配不公问题在多个层面显现出来，尽管我国的财富分配制度的建立和发展已经取得了一定的成效，但由于我国的财富分配制度的建立还处于起步阶段，离现代财富分配制度的要求还有一段距离。从税收政策层面研究财富分配制度不仅有利于财富分配的科学化和制度化，也有利于现代财富分配制度的建立和发展。

（3）有利于政府优化税制的政策选择。目前，如何通过税制改革促进公平分配可以说是仁者见仁，智者见智。从财富分配角度分析遗产税的微观经济效应和宏观经济效应，有利于构建公平型税收制度，从而达到财富分配制度和宏观税收制度的和谐发展。

## 1.2　相关文献述评

遗产税作为政府调节财富分配的政策工具，其存废与开征问题一直饱受争议。从目前的国内外研究现状看，国外学者主要是对遗产税促进公平分配的作用和是否取消遗产税看法不一，国内学者则主要是对我国是否开征遗产税持不同观点。归纳与总结中外学者的学术观点，主要体现在以下几个方面。

### 1.2.1　对遗产税性质和征收依据的论述

由于我国遗产税的历史较短，而且自新中国建立后就没有征收遗产税，因此，有关遗产税的性质及课征理论的论述主要是由外国学者完成的，我国学者主要是以国外学者的学说为借鉴阐述自己的观点，其中较为有代表性的是以下几种观点，如表 1 - 1 所示。

表 1 - 1                        几种有代表性的遗产税学说

|  | 学说 | 代表人物 | 观点 |
|---|---|---|---|
| 遗产税性质 | 行为课税说 | 巴斯特布尔、霍克 | 遗产税是对遗产的转移行为课税，无财产转移不课税。 |
|  | 所得税说 | 亚当斯、杜约翰 | 遗产税是对继承人征收的一种所得税。 |
|  | 财产税说 | 道尔顿 | 遗产税是以被继承人死后的遗产总额为课税对象，与财产税的课征对象相似。 |
|  | 混杂税说 | 塞利格曼 | 遗产税兼具行为税、财产税、所得税的特点。 |
| 遗产税征收依据 | 分散均富说 | 边沁、穆勒、马斯格雷夫 | 人人生而平等，政府应通过对遗产课税促进社会公平防止财富过度集中。 |
|  | 享益学说 | 约翰·穆勒、哈里·罗森 | 私人能够聚集财富的原因在于国家的保护，因此，国家应享有一部分遗产继承权。 |
|  | 追税说 | 卫斯特、雪富莱、谢夫勒 | 人致富源于一般财产的逃税，等死亡不能逃时应对以往逃掉的税追缴，形成遗产税。 |
|  | 国家权力说 | 艾瑞格斯、范德维德 | 国家赋予继承人继承的权力，则国家有处理和课征遗产的权力。 |
|  | 负税能力说 | 赛里格曼 | 遗产增加了继承人负担税收能力，因此应向国家缴税，并应根据遗产多少课征不同的税收以促进公平。 |
|  | 社会正义说 | 瓦格纳、罗杰·罗尔斯 | 处于社会公正的需要，应对遗产的继承者征收遗产税以促进公平，同时可以促进慈善事业的发展。 |
|  | 资源垄断说 | 张永忠 | 因为被继承人资源的垄断给继承人带来了巨额财富，通过征收遗产税可以把富豪占有的社会公众的财富归还给社会公众。 |

从表 1 - 1 有关遗产税的征收性质和征收依据看，目前征收遗产税的国家，例如欧洲国家普遍认可国家权力说，近年来随着全球贫富差距问题的凸显，均富说和社会正义说成为当前征收遗产税的主要政策依据。从国内学者的研究看，对遗产税的性质主要集中在遗产税是一种转移财产税上（刘佐，2003），从遗产税的征收依据看，除了"追税说"外，国内学者对于其他几种学说基本上持肯定态度，而且，无论是"社

会正义说"还是"国家权力说"或是"负税能力说"都不能割裂开来，当然张永忠（2011）提出的"社会资源垄断说"有一定的新意，[①] 从经济学的角度讲，社会资源尽管会影响财富的分配，但是社会资源垄断造成巨富的观点有失偏颇，而且容易导致社会的仇富心理，违背了课税的初衷。

在总结前人研究的基础上，反观当下的全球和中国的财富分配的代际不公问题，从遗产税的性质上来说，我们赞成遗产税是一种财产转移税的观点，从征税依据上来说，本书的分析主要依据社会正义说，并围绕分配正义加以展开（高凤勤等，2014），[②] 具体的理论依据分析见第2章，遗产税促进公平分配的理论基础。

## 1.2.2　遗产税与公平分配

### 1. 遗产税有利于公平分配

18世纪末，伴随着资本主义的发展，税收促进公平分配的思想进一步活跃，一些西方学者主张通过遗产税防止财富过度集中。19世纪西方涌现出了一大批杰出的经济学家，这些经济学家对利用税收促进代际财富公平分配具有独到的见解。例如，约翰·穆勒认为尽管继承和受赠遗产是合法的，但是为了避免财富分配不公应对遗产的继承和受赠设定一个最高标准，并应通过累进遗产税限制财富分配的过度集中。[③] 阿道夫·瓦格纳（1877）首次提出社会正义课税原则，认为遗产税可以鼓励个人把财富回馈社会，帮助更多有需要的人。

进入20世纪后，随着资本主义的快速发展由此带来的贫富差距问题日趋显现，财富继承作为影响财富分配的一个重要因素受到了西方学者的关注，一些学者主张通过课征遗产税来避免财富的过度集中。其中较为有代表性的有：凯恩斯（1936）认为课征高额遗产税不仅可以利

---

① 张永忠：《遗产税：不可或缺的社会心理疏导机制》，载《税收经济研究》2011年第4期，第23～26页。

② 高凤勤、金延敏：《分配正义视角下遗产税财富公平分配效应机理分析》，载《税收经济研究》2014年第3期，第1～6页。

③ 魏缇如：《中国税收大辞典》，中国经济出版社1991年版，第504页。

于公平分配而且可以提高边际消费倾向，从而刺激有效需求带动经济增长。[1] 现代财政学之父马斯格雷夫（1959）对遗产税制度的性质和类型进行了细致地分析，认为开征遗产税的财政收入意义不大，但可以作为抑制财富过度集中的适宜工具，从而促进社会财富的公平分配。[2] 罗尔斯（1971）在其鸿篇巨著《正义论》中同样表达了对开征遗产税的支持，他指出，分配部门的任务是通过"税收和对财产权的必要调整来维持分配份额的一种恰当正义"，其首要任务是征收遗产税和赠与税并对遗产权加以控制，并进一步指出了这样做的目的不是组织财政收入而是"逐渐地、持续地纠正财富分配中的错误并避免有害于政治自由的公平价值和机会公正平等的权力集中"，[3] 罗尔斯基于社会正义的遗产税观点对美国遗产税制度的影响较为深远。此外，美国的一些富豪也主张对遗产课税以避免后代的好逸恶劳。例如，钢铁大王卡耐基就主张对遗产课以重税，他认为"父母若给儿子留下一大笔财富，往往会扼杀儿子的才华和活力，使他过一种比本来应该有的生活逊色得多、乏味得多的生活"。

伴随着西方学者对遗产税的研究，国内学者在面临我国收入差距问题的解决时也将视线投向了遗产税。早在清朝末年，著名学者梁启超就认为遗产税是良税，有利于社会公平。[4] 侯厚培（1923）同样认为遗产税可以解决当时的贫富悬殊问题，并主张采用累进税制。[5] 孙中山将遗产税作为"节制资本"提出应征收遗产税以促进国有资本的发展。[6] 马寅初（1939）对遗产税进行了分析，他认为遗产税制模式的选择应考虑国情，在财产登记制度尚不完善的情况下，民国政府应选择总遗产税制以达到其政策目标。[7] 在酝酿了20多年后，民国政府于1940年正式征收遗产税，尽管该税在组织财政收入方面差强人意，但却有利于鼓励

---

[1] 吴松林：《凯恩斯主义财政政策观点及其评论》，载《淮南师范学院学报》2003年第2期，第72页。

[2] Musgrave. The Theory of Public Finance, New York：Mcgraw Hill, 1959.

[3] 约翰·罗尔斯著，何怀宏、何包钢、廖申白译：《正义论》，中国社会科学出版社1998年版，第278页。

[4] 转自张永忠：《民国时期遗产税开征的八大启示》，载《财政经济评论》2012年第2期，第108页。

[5] 侯厚培：《中国设施遗产税问题》，载《东方杂志》1923年第10期。

[6][7] 转自刘燕明：《国民政府时期遗产税的变迁、特征和作用》，载《税收经济研究》2012年第6期，第62页。

勤劳而改善社会风气，其社会意义更甚。[①]

　　21 世纪以来，贫富差距问题已成为一个世界难题，如何消除代际分配产生的财富不公问题依然为中外学者所关注。与此同时，20 世纪80 年代以来波及全球的减税政策的兴起使得各国政府为了发展本国经济纷纷采取降低所得税以促进投资，遗产税作为一种富人税同样受到了一些专家学者的质疑，但支持遗产税的学者仍占有一定的优势。布克哈德赫尔（Burkhard Heer，2000）通过构建代际财富分配模型，认为仅仅有少数人需要面临遗产税问题，从对新生代的普遍价值和财富公平分配的角度讲，增加遗产税有利于社会福利水平的提高。[②] 科普齐克和苏伊兹（Kopczuk & Suez，2004）根据遗产税纳税申报数据，分析了美国1916～2000 年顶端财富所有者的财富状况，认为遗产税可以减轻财富集中。[③] 迈克尔·格雷茨（Michael J. Graetz，2005）认为累进税制是社会正义的必要，并指出无法证明遗产税对资本形成的负作用大于其在税收公平上的贡献。[④] 莉莉·L·巴彻尔德（Lily L. Batchelder，2007）基于遗产税更公平、更有效率、更便于应计收益处理和更简化四个方面的特点，认为美国应该用遗产税和赠与税替代房地产税以便更有效地向特权阶层征税。[⑤] 安妮·奥斯陶特（Anne L. Alstott，2007）基于资源平等理论分析了机会平等与遗产税之间的关系，认为美国现行的遗产税制度弱化了机会均等原则，并认为遗产税应通过政府支出显示其社会传承性、适用于包括父母在内的所有继承、不应对隔代继承进行惩罚并对年轻人征收更重的遗产税四个方面设计遗产税制。[⑥] 普拉巴卡尔、瑞吉维、罗林森、卡伦、怀特、斯图尔特（Prabhakar、Rajiv、Rowlingson、Karen and White、Stuart，2008）认为遗产是阻止不平等和防止英国社会

---

　　[①] 《直接税处印发遗产税宣传纲要及计算公式的训令》（1940 年 7 月 14 日），见《中华民国工商税收史料选编》第四辑上册，南京大学出版社 1994 年版，第 1191 页。

　　[②] Burkhard Heer, "Wealth Distribution and Optimal Inheritance Taxation in Life – Cycle Economies with Intergenerational Transfers", Munich Discussion Paper No. 2000 – 10：17 – 26.

　　[③] Wojeleeh Kopczuk, Emmanuel Saez（2004）："Top Wealth shares in the United State1916 – 2000：Evidence from Estate Tax Returns", NBER Working Paper 10399.

　　[④] Michael J. Graetz, *Death by a Thousand Cuts：The Fight Over Taxing Inherited Wealth*.

　　[⑤] Lily L. Batchelder, "Taxing Privilege More Effectively：Replacing the Estate Tax with an Inheritance Tax", New York University, lily. batchelder@ nyu. edu, 7 – 24 – 2007.

　　[⑥] Anne L. Alstott, "Equal Opportunity and Inheritance Taxation", Harvard Law Review Vol. 121, No. 2 Dec. （2007）：469 – 542.

固化的主要工具，并提出应保护遗产税。[1] 斯蒂格利茨（2012）在其专著《不平等的代价》一书中以美国为例分析了金融危机后的社会不平等，与其早期观点不同的是，[2] 斯蒂格利茨认为美国政府应"创造一种更有效并能执行的遗产税收制度"，从而避免"美国式寡头或财阀统治的形成，也因此消除对资本收益的优厚待遇，其不利影响将是非常小的。"[3] 托马斯·皮凯蒂（Thomas Piketty，2014）在其著作《21世纪资本论》中分析了法国、美国、英国等国家的遗产税情况，认为遗产税是促进财富公平的有力政策工具，正如罗伯特·罗素指出的，"大幅度累进遗产税是导致经济民主化的主要工具"。[4]

此外，一些国外学者从遗产税对投资、储蓄、劳动供给等市场分配效应方面加以分析，认为遗产税不会妨碍市场要素的公平分配。例如，凯恩斯（1983）指出，"高额遗产税固然有增加社会消费倾向之功效，但是在消费倾向于永久性增加时，在一般情形之下（除去充分就业情形）投资引导资本同步增加"，批评了大家对于遗产税会导致固定财富减少的不清醒认识。盖尔、培瑞克（Gale & Perozek，2001）认为转移税对储蓄的影响在很大程度上取决于转移者的转移动机。在遗赠无意识形成的情况下，遗产税将不影响赠与者的储蓄行为，但会减少受赠人税后净遗产，因此会增加受赠人的储蓄。如果遗赠包含交换关系，遗产税的影响取决于父母对服务的需求弹性，如果需求没有弹性，高的税收会提高父母总的服务支出，因此他们会增加储蓄。如果遗赠是利他主义动机，影响是模糊的，但模型表示在多数情况下，遗产税对储蓄有正的效应。[5] 霍尔茨·埃金（Holtz - Eakin，1999）却发现58%的企业所有者

① Prabhakar, Rajiv, Rowlingson, Karen and White, Stuart "How to Defend the Inheritance Tax", http: //oro. open. ac. uk/313.

② 斯蒂格利茨1978年在《公共经济学》中指出，遗产税会导致储蓄减少、政府对此无能为力、资本分配比劳动分配更不公平的三大假设前提下，得出了遗产税不能促进公平分配的结论，美国遗产税政策的主要作用是促进慈善捐赠。Joseph E. Stiglitz. Notes on Estate Tax, Redistrbution, and the Concept of Banlance Growth Path Incidence, Journal Political of Economy 86, no. 2 (1978): s137 – 150.

③ 约瑟夫·E·斯蒂格利茨著，张子源译：《不平等的代价》，机械工业出版社2014年版第4页、第247页。

④ 托马斯·皮凯蒂：《21世纪资本论》，中信出版社2014年版，第523页。

⑤ William G. Gale. Maria G. Perozek："Do Estate Taxes Reduce Saving?", Brookings Economic PaPers. November11. 2000.

可以从保险流动资产、股票和债券等资产中支付遗产税，不必动用不动产或企业本身，他们也可以在不影响经营的情况下完成预计遗产任务的80％以上。[①] 乔尔费安和安特尔（Joulfaian & Anten，2001）对一段时期内的一部分富人的所得税和遗产税报表数据进行了实证分析后认为，遗产税是资本利得实现的最重要决定因素。乔尔费安（2000）认为遗产税可以对社会慈善产生一定的激励作用。巴肯金（Bakija，2003）等人则认为遗产税对社会慈善事业的发展有较强的推动作用。威廉·伯瑞肯、大卫·卡么斯辰、理查德·廷博莱克（William Beranek，David R. Kamerschen，Richard H. Timberlake，2010）利用美国收入局1995~2006年的遗产税数据回归分析了遗产税和慈善捐赠之间的关系，他们认为在正财富倾向假设条件下，遗产税税率下降不仅不会导致慈善捐赠的下降反而会导致其上升。[②] 斯蒂格利茨（2011）一改反对遗产税的观点，认为目前美国的不平等日益严重需要通过累进遗产税加以缓解。尽管美国的遗产税存废之争由来已久，但由于遗产税在美国属于"富人税"，其征收的根本意图在于政府分配正义和社会分配正义，遗产税更多地起到了一个价值信号的作用，遗产税的存在有力地推进了包括公益基金、民间慈善组织、非营利组织等在内的第三部门的发展壮大，美国富翁乐于进行慈善捐赠除了美国信奉白手起家的信条外，高额的遗产税也是不可或缺的一个砝码。沃依切赫·科普齐克（Wojciech Kopczuk，2013）分析了继承和遗产税的激励效果，认为积极遗产税的最优性取决于对未来几代人的影响程度。[③]

在国外学者认为遗产税可以促进财富公平分配并且不会妨碍市场效率的同时，随着我国经济的迅猛发展贫富差距日渐拉大，尤其是代际分配之间的差距更为明显，国内的一些学者也将研究视线投向了遗产税，其中，较为有代表性的有：

一是认为遗产税可以有助于缩小我国的贫富差距。雷根强（2000）

---

① Douglas Holtz - Eakin, The Death Tax: Investment Employment, and Entrepreneurs. Tax Notes. Vol. 84. No. 5.（1999）：782 - 792.

② William Beranek, David R. Kamerschen, Richard H. Timberlake, "CharitableDonationsandthe-Estate Tax: A Tale of Two Hypotheses", American Journal of Economics and Sociology, Vol. 69, No. 3 July（2010）：1055 - 1077.

③ Wojciech Kopczuk, "Incentive Effects of Inheritances and Optimal Estate Taxation", American Economic Review, American Economic Association, Vol. 2013, 103（3）：472 - 477.

从公平分配等几个方面分析了我国的遗产税问题并分析了我国征收遗产税的几个难点问题。[①] 王绍光、胡鞍钢等（2002）认为贫富不均是造成社会不稳定的主要原因，主张通过遗产税等手段加以解决。刘佐（2003）主编了《中国遗产税制度研究》一书，在书中对我国遗产税问题进行了系统梳理，并提出了应通过遗产税抑制我国财富的过度集中。[②] 厉以宁（2005，2013）认为从社会稳定方面考虑应开征遗产税，提出可以通过遗产税促进公平分配，但需做好个人财产登记和公益性捐赠免税工作，[③] 在个人财产登记不完善的情况下，我国目前遗产税的征收不能操之过急。[④] 高培勇（2006）针对我国贫富差距尤其是代际分配不公的状况提出我国应征收遗产税。[⑤] 何建华（2007）从分配正义角度阐述财富分配不公问题，主张进行遗产税制改革加以缓解。[⑥] 安体富、王海勇（2007）认为，开征遗产税的目的不是筹集财政收入而是作为个人所得税的补充，调节财富的流量和存量分配以防止财产过度集中，应征收总遗产税以促进社会公平。[⑦] 侯晓燕（2009）则认为遗产税是所得税的补充或延伸，可以遗产税弥补我国财产税体系不健全的缺陷，也有利于个人所得税征收不足、调节不足的缺憾，从而进一步完善我国的税收体制。企业家代表许家印（2010）认为目前中国遗产税利于促进公益性捐赠，并可抑制高房价，应尽快研究开征遗产税。[⑧] 全国人大代表朱继民（2012）认为遗产税是一种难得的、最适宜于市场经济环境下调节贫富差距的手段，而且我国已经具备开征遗产税的条件，并且开征遗产税有利于促进我国慈善事业的发展。[⑨] 杨春学、张琦（2014）通

---

① 雷根强：《论我国遗产税制的建设》，载《厦门大学学报（社科版）》2000 年第 2 期，第 103～109 页。

② 刘佐：《中国遗产税制度研究》，中国财政经济出版社 2003 年版。

③ 厉以宁：《关于遗产税的一些思考》，人民日报网。http：//finance. people. com. cn/GB/43429/43444/3298752. html。

④ http：//finance. people. com. cn/GB/43429/43444/3298752. html.

⑤ 高培勇：《遗产税真的"中国不宜"吗?》，载《人民日报（海外版）》，2006 年 12 月 7 日。

⑥ 何建华：《分配正义论》，人民出版社 2007 年版，第 182 页。

⑦ 安体富、王海勇：《公平优先、兼顾效率：财税理念的转变和政策的调整》，http：//www. chinatax. gov. cn/n480462/n7921376/n7921576/n7921766/n7921917/8802449. html。

⑧ 许家印：《内地新晋首富许家印：开征遗产税引导企业慈善》，载《新京报》，2010 年 3 月 10 日。

⑨ 朱继民：《代表建议向富裕人士开征遗产税》，中国网，2012 年 3 月 14 日。

过解读《21 世纪资本论》后认为该著作解析了资本主义收入和财富分配的关系，认为我国应从中吸取经验教训，尽快征收遗产税以促进财富公平。[1]

二是从消费、投资、劳动供给等方面出发分析遗产税的经济效应，认为遗产税并没有造成市场低效。郑志刚（2007）从公司治理的角度分析了遗产税对公司治理层面的影响，认为社会进步的主要原因之一是有社会精英，而机会平等是培养社会精英的主要途径，因此，社会精英的成长要避免经济和政治被少数家族盘踞，而遗产税是除了反垄断等公共政策和经济全球化以外的能够抑制少数家族盘踞的主要政策工具。[2]喻开志、陈良（2013）通过拓展的李嘉图等价模型分析了累进遗产税和扩大消费之间的关系，并得出了遗产税有利于扩大我国居民消费的结论。[3] 陈健、黄少安（2013）从住房的遗产动机角度分析了我国"以房养老"不同于发达国家的原因在于遗产动机的不同，导致我国"以房养老"的目的难以实现，而开征遗产税是释放"以房养老"效应的主要政策手段之一。[4]沈铁蕾（2012、2013）基于中国香港 2006 年的遗产税政策，计量分析了遗产税对家族企业投资决策和劳动供给决策的影响，其分析结果表明遗产税对家族企业的投资决策和劳动供给决策有相关关系但基本上影响不大，只有在家族企业交接班时才有一些负面效应，并进一步提出了在"营改增"的大背景下、在引发对财富分配公平的社会诉求更为剧烈的情况下，我国应考虑遗产税等财产税的设计问题以化解日益严重的贫富差距问题。[5]

三是从反腐和社会道德层面分析遗产税的作用，认为遗产税有助于打击腐败和促进社会道德建设。濮婕、王明高、马海涛、朱青等学者组

---

[1] 杨春学、张琦：《如何看待〈21 世纪资本论〉对经济学的贡献》，载《经济学动态》2014 年第 9 期，第 4～13 页。

[2] 郑志刚：《法律制度外的公司治理角色——一个文献综述》，载《管理世界》2007 年第 9 期，第 142 页。

[3] 喻开志、陈良：《累进的遗产税如何扩大居民消费需求——基于累进遗产税率的李嘉图等价模型研究》，载《消费经济》2013 年 2 月第 29 卷第 1 期，第 34～38 页。

[4] 陈健、黄少安：《遗产动机与财富效应的权衡：以房养老可行吗?》，载《经济研究》2013 年第 9 期，第 68 页。

[5] 沈铁蕾：《遗产税、家族企业与劳动决策——基于香港上市家族企业面板数据的实证研究》，载《财贸经济》2013 年第 3 期，第 42 页；《遗产税、家族企业与投资决策——基于香港上市家族企业面板数据的实证研究》，载《财政研究》2012 年第 12 期，第 17 页。

成的"新世纪惩治腐败对策研究"课题组（2004）从惩治腐败的角度分析了我国遗产税的设计情况，研究结论认为，我国应通过遗产税与赠与税的开征抑制腐败问题。[①] 陈思进（2012）认为美国富豪之所以请求政府对他们征收遗产税是因为一旦取消遗产税会使他们的孩子不劳而获，令他们的人生丧失为社会创造价值的动力，而且这与美国崇尚自我奋斗的社会理念相违背。[②] 王正平、李耀锋（2014）从美国遗产税的社会伦理基础分析了遗产税对社会道德的影响，认为美国的遗产税对社会道德建设有积极作用，我国应从中吸取经验。[③]

四是结合我国的实际情况，国内的学者对遗产税的国际政策实践进行了分析，并对其经验和教训进行了探讨。较有代表性的是：苏建华（2003）探讨了西方遗产税的理论与实践，总结了遗产税的开征经验，指出遗产税能够促进社会公正。王光宇（2003）从遗产税课征模式、税制要素等方面介绍了美国遗产税的特点及对我国开征遗产税的启示。赵惠敏等（2005）分析了美国等其他国家的遗产税免征额与人均 GDP 之间的关系，指出中国在设计遗产税免征额应符合国情。禹奎（2006）梳理了美国的遗产税研究现状，为中国遗产税问题的研究提供较好的思路。秦世宝等（2010）介绍了韩国遗产税与社会公共分配之间的相关性，认为韩国遗产税的财富再分配作用逐渐得到加强。李永刚（2015）通过分析 21 个发达国家和 19 个发展中国家的遗产税制度，认为遗产税收入已经成为这些国家的重要财政收入来源，我国可以在借鉴这些国家经验的基础上设计我国的遗产税制度。[④]

### 2. 遗产税不能促进公平分配或作用有限

哈维·S·罗森和特德·盖亚（2009）在《财政学》一书中写道，"如果莫尔花 10000 美元去欧洲旅行，柯里为其女儿的大学教育花了10000 美元，而拉里给其儿子留了 10000 美元，为什么拉里就要缴纳一

---

① 濮婕、王明高、马海涛、朱青：《开征遗产税离中国有多远?》，载《中国经济周刊》2004 年 10 月 18 日。

② 陈思进：《争议中成长的美国"遗产税"》，载《新金融观察报》2012 年 6 月 11 日。

③ 王正平、李耀锋：《美国遗产税政策的伦理基础及其对社会道德产生的影响》，载《湖北社会科学》2014 年第 5 期，第 51～56 页。

④ 李永刚：《境外遗产税制度比较及其启示》，载《国家行政学院学报》2015 年第 1 期，第 124～127 页。

种特殊的税?"① 从中可以看出，两位学者并不赞同遗产税的征收，其主要原因在于两者认为遗产税会影响市场效率的实现。

麦克·卡弗里（Mc Caffery，1996）从政治学和伦理学的角度探讨了遗产税的不合理，并从收入效应、资本效应、行为反应扭曲及再分配效果方面否定了遗产税，他认为遗产税会导致纳税人的行为扭曲。② 丹·米勒（Dan Miller，1998）同样对美国国会联合经济委员会1998年12月公布的研究报告《遗产税经济学》中列举的促进财富公平、激励慈善捐赠和增加财政收入等三条征收遗产税的依据逐一进行了驳斥，认为遗产税无法实现其课税目标。③ 霍尔·茨埃金（Holtz Eakin，1993）通过对一组获得大笔遗产的人的行为进行了经济计量研究发现，遗产获得多的人会减少劳动供给。④ 艾伦·布林德（Alan Blinder，2001）认为只有大约2%的不平等是因继承财产造成的，因此遗产税的再分配功能非常有限。⑤ 盖尔和斯拉姆罗德（Gale & Slemrod，2002）认为支持和反对遗产税的人都承认遗产税在减轻财富集中方面是乏力的，由于影响财富集中的因素很多，累进的遗产税对财富不公修正作用不大。⑥ 莱斯（Rice，2012）就美国《2012年废除遗产税法案》指出，废除遗产税可以促进家族企业的发展，从而带动美国经济的增长。⑦ 提思科瑞（Tscra，2012）指出美国的牧业协会也积极赞成取消遗产税，由此可见美国遗产税的存废争议较大。⑧ 美国的约翰·图思和卡文·柏瑞飞（John Thun & Kevin Brafy，2013）提出了《2013年废除遗产税法案》，认为废除遗产税可以促进农场、牧场等私营企业的发展，并指出死亡不应该是

① 哈维·S·罗森（Harvey S. Rosen）、特德·盖亚（Ted Gayer）：《财政学》，中国人民大学出版社2009年版，第477~478页。

② EdwardJ. McCaffery. Rethinking the Estate Tax［N］. Tax Notes Today，1996 - 6 - 22.

③ 丹·米勒著，顾信文译：《征收遗产税的依据》，载《国外社科学文章》2000年第10期，第45~49页。

④ 转自禹奎：《美国遗产税理论研究综述》，载《涉外税务》2006年第7期，第52页。

⑤ 转自丹·米勒著，顾信文译：《征收遗产税的依据》，载《国外社科学文章》2000年第10期，第46页。

⑥ William. G. Gale，Jole Slerod：Rethinking the Estate and Gift Tax：Overview，NBER：Working Paper 8250.

⑦ Rice（2012）：Lawmakers Seek to Abolish Death Tax，EN，2012.

⑧ Tscra：Cattle Raisers and Sen. Cornyn Support Legislation to Repeal Death Tax. http：//tscra. org/news_releases_blog/？p = 553.

一个税收项目，它会挫伤纳税人的积极性等阻碍私营企业的发展。[①] 此外，在美国还有一些匿名文章基于遗产税会损害经济效率而呼吁废除遗产税。

国内一些学者同样也认为遗产税具有减少投资、导致资金外流及课征条件苛刻等特点，认为中国不宜推出遗产税。

例如，孙钢（2002）认为由于我国目前的富人主要为中青年，现在开征遗产税收根本收不到政策效果，而且遗产税的征收成本过高等问题使得我国目前不具备征收遗产税的条件。[②] 廖晓军（2003）认为由于民营经济的发展尚处于初级阶段，对其勤劳所得应加以宽免，加上财产评估制度不够完善等诸多征管难点导致我国目前尚不征收遗产税。杨慧芳（2012）认为在中国人的价值观里，财富被看作是一生努力的成果和心血的凝结，在这样的文化背景下，征收遗产税可能会挫伤富人的投资热情，而在有生之年大肆挥霍浪费，造成社会资源的不必要损失，[③] 而且中国富人的社会责任感较低，意识不到遗产税公平分配的作用，加之我国的捐赠文化没有形成，从而使得我国不具备征收遗产税的条件。翟继光（2012）则从遗产税财政融资和公平分配的两大作用出发，认为从财政收入的现实出发来说，目前我国还没有急迫通过征收遗产税来满足融资的需要，而且包括个人所得税等在内直接税种还没有发挥出财富分配的作用，因此没有必要去征收遗产税。[④]

综上所述，缩小贫富差距、促进社会公平的遗产税制安排逐渐成为各领域学者关注的焦点，而遗产税的公平与效率之争成为一国是否征收遗产税的主要衡量标准。基于遗产税的公平与效率之争这一问题的研究来看，主张征收遗产税的学者认为遗产税对效率的基本没有负效应或者说还有助于产生"开锁效应"促进资源的优化配置，反之，不赞同开征遗产税的学者主要是认为遗产税会导致资金外流并且其在公平分配方面也未必有效。基于此，我国是否开征遗产税问题不仅仅要考虑再分配的问题，还要考虑初次分配和第三次分配的问题，也就是说在研究遗产

---

① Radke, Amanda: Do You Support A Repeal Of The Death Tax?, Beef, 2013.

② 转引自李常先:《中国大陆应否课征遗产赠与税之探讨——根据台湾经验》，暨南大学博士学位论文，2009 年。

③ 杨慧芳:《我国开征遗产税的困境与突破——基于文化的视角》，载《地方财政研究》2012 年第 2 期，第 77 页。

④ 翟继光:《挑动富人神经的遗产税》，载《中国新时代》2012 年第 12 期。

税的再分配效应的同时不能忽略其初次分配效应和第三次分配效应问题。由于分配正义理论将效率和公平纳入了同一个理论框架下，将效率看作是市场分配正义的实现，这就意味着效率是公平分配的市场表现形式，我们以分配正义论作为研究的理论基础更符合我国当前经济发展"新常态"的需要，即经济增长和公平分配两者需要兼顾。为此，我们从以下几个方面展开研究：（1）基于分配正义理论研究财富公平对经济发展与社会稳定的促进作用；（2）对遗产税财富分配效应及作用机理的系统研究；（3）从代际财富公平分配的角度模拟测度我国遗产税的公平分配问题。

## 1.3　研究的思路与方法

### 1.3.1　研究思路

本书以经济伦理学、税收经济学、制度经济学、政治学、社会学等理论为指导，按以下思路开展研究：文献调研→阶段分析→实证研究→结论与政策建议，如图1-1所示。

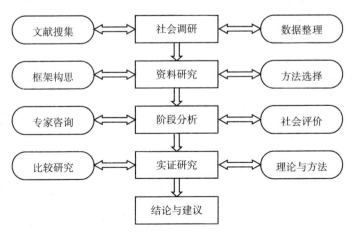

**图1-1　研究的基本思路**

17

### 1.3.2 研究方法

本书研究将综合运用税收经济学、经济伦理学、社会学、管理学、政治学等多学科的分析方法和手段，采取多角度、多层次的研究思路，实行理论分析与计量分析相结合，实证分析与规范分析相结合，定量分析与定性分析相结合，综合研究与专题研究相结合。采用文献调研、数据分析、专题研讨、抽样问卷调查、实地考察、案例分析和专家咨询等方法展开课题的研究。

## 1.4 研究框架与内容

### 1.4.1 研究框架

本书以分配正义理论和税收公平理论为理论工具，分析了遗产税促进公平分配的作用机理和运行机制，在阐述公平分配度量指标的基础上揭示了我国居民的财富分配现状、成因及发展趋势，探究了我国是否具备开征遗产税的可行性，在对遗产税国际政策实践考察的基础上，结合我国的经济社会状况，提出我国今后一段时间内的遗产税政策选择，具体研究技术路线见图1-2。

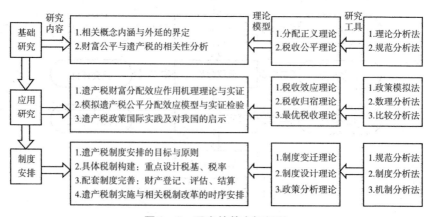

**图1-2 研究的基本框架图**

## 1.4.2　研究内容

本书共分6章，基本内容和观点概述如下：

第1章　导论。陈述选题的背景、意义；通过对国内外学者相关研究的综合述评，捕捉中外学者的研究思路、内容和范式，为全书的具体研究提供可借鉴的研究思路、方法和工具，进而为现阶段研究遗产税公平分配问题提供研究范式；介绍研究的理论工具和研究方法；简述研究的技术路线和论文的篇章结构；最后指出本书的可能创新之处与不足。

第2章　遗产税促进公平分配的理论基础。该章从公平分配是世界性问题的背景入手，在文献比较的基础上，深入解读了我国古代时期诸子百家、马克思政治经济学以及西方功利主义、罗尔斯主义、自由主义、社群主义、资源平等主义、能力平等主义和新中国成立以来党的分配正义理论，探析了古典经济学、新古典经济学、新制度经济学、供给学派等不同学派的等税收公平观点以及我国学者的税收公平观，揭示了遗产税促进公平分配的理论渊源，从而为全书的深入研究奠定了理论依据。

第3章　遗产税促进公平分配的一般分析。该章从市场机制与政府干预的关系入手，在解析遗产税促进公平分配内在逻辑的基础上，探究市场演进过程中的政府职能变化，揭示遗产税调节财富分配的内在动因，为第4章和第5章的实证分析提供理论支撑。

第4章　遗产税公平分配效应的实证分析。根据微观数据实证分析我国遗产继承的特征及对财产不平等的影响，并模拟推算遗产税的再分配效果。

第5章　遗产税国际政策实践与启示。通过分析包括英、美、日等发达国家、俄罗斯等金砖国家以及部分发展中国家在内的主要市场经济国家的遗产税政策实践，总结遗产税政策实践效果，从中找出可资我国遗产税改革借鉴的经验启示。

第6章　基本结论与政策建议。结合前文的理论阐述和实证分析，从我国当前的国情出发，提出我国遗产税的政策选择。

# 1.5  研究创新与展望

## 1.5.1  研究创新

遗产税调节公平分配涉及的内容极其庞杂，尤其是涉及代际间的纷繁利益关系，加上我国尚未征收遗产税，而我们的研究水平有限，其难度之大超出我们的预想。尽管如此，本书仍然在以下几个方面做了创新探索。

**1. 研究视角的创新性**

公平分配不仅是一个经济命题，更是一个社会命题，这就要求对该命题的研究不应仅仅停留经济学的分析上，还应注意该命题的经济伦理性。因此，本书在以税收学、经济学为理论基础上，引入了经济伦理学，将分配正义作为本书研究的理论依据，从分配正义角度和税收的经济伦理特性出发，分析我国的遗产税问题。

**2. 研究层面的宽广性**

本书从遗产税的公平与效率、微观效应和宏观效应、国内与国际考察等多视角、多层面探讨促进公平分配的遗产税政策问题。第一层面，基于分配正义视角全方位分析公平与效率问题，分配正义视角下的公平包括市场分配正义、政府分配正义和社会分配正义，从而将效率纳入公平的分析框架。第二层面，遗产税的微观效应与宏观效应的分析。在微观方面，探讨了遗产税对居民消费、储蓄、资产购买、投资、就业等行为的影响；在宏观方面，考察了遗产税对消费、储蓄等方面的影响。第三层面，技术层面与现实层面的分析。从技术层面上使用蒙特卡洛模拟推算一般性遗产继承的情况；从现实层面上考察我国居民财富分配现状、影响及发展趋势。第四层面，研究发达国家、新兴市场经济国家和发展中国家遗产税政策实践及其经验启示。

**3. 分析框架的拓展性**

以分配正义理论起点，结合新古典经济学的分析方法，从遗产税促

20

进公平分配的微观效应与宏观效应两个维度出发，分析了遗产税促进公平分配的作用机理和运行机制；伦理经济学的分配正义观始终贯穿在新古典经济学的研究范式中，从而形成遗产税促进居民财富公平分配研究的分析框架。

## 1.5.2　研究展望

由于我们的水平有限，加上我国尚未开征遗产税，因此，在遗产税政策市场分配效应和社会分配效应的实证分析上还有很大的欠缺，下一步亟须充实计量经济学等相关学科的知识，进一步提高学术素养，在今后的研究工作需要更加努力。分析方法还不够妥当，需要进一步翔实资料，完善分析方法。总之，在该命题的研究上还有大量的后续工作要做，还有许多漏洞需要弥补。在今后的研究中会更加努力，以期完善该命题的研究。

# 第2章 遗产税促进公平分配的理论基础

公平分配是一个世界性的话题，无论是发展中国家还是发达国家都面临着财富分配不公带来的经济和社会问题。税收作为政府调节居民收入分配的主要政策工具有着其深刻的理论渊源和政策依据。无论是我国古代朴素的公平正义思想，还是源于西方国家的分配正义理论，以及我国新时期提出的公平正义理论都为遗产税调节公平分配提供了强大的理论支撑。

## 2.1 分配正义理论

### 2.1.1 中国古代分配正义思想

分配正义既是一个经济范畴，更是一个历史范畴，在中国有着丰富的思想源泉，并不断地得到发扬光大。

在原始社会，人们为了生存下去，尤其注重人人平等、共同劳动和平均分配。这是一种原始的、绝对的公平，也是原始社会经济条件下的自然选择。随着私有制和阶级社会的出现，分配不公问题开始出现并逐渐成为影响古代经济社会发展的一个重要因素，人们开始关注分配正义问题，并为我们今天研究公平分配问题提供了宝贵的思想财富。

在中华民族的历史上，早在春秋战国时期诸子百家就开始对社会公平和正义问题进行了思考。儒家思想一直是我国传统文化中最具有代表性的，对历史及当今社会的影响深不可及。公平正义是儒家思想的主要构成部分之一，其中最具有代表性的是在《论语·季氏》一章中提出的有关"不患寡而患不均"的"均富"思想。"丘也闻有国有家者，不患寡而患不均，不患贫而患不安。盖均无贫，和无寡，安无倾"。孔子对弟子冉求说的这番话是针对春秋末期暴富的季孙氏等新贵提出的，意思是说，各诸侯或大夫，不必着急自己的财富不多，而需要顾虑的是财富分配的不均，那会导致诸侯之国与大夫之家的颠覆。若是财富平均，消灭了贫穷，境内团结、平安、和睦，不仅不会倾危，而且会有远处的人来归服于你。① 针对春秋社会贫富差距较大、社会动荡不安的状况，孔子认为只有公平分配才能解决当时贫富差距大、社会动荡不安的现状。这段话对当今社会，尤其在我国收入分配出现两极分化的趋势下，具有强烈的现实意义。

道家则提出了"损有余而补不足"，认为"损不足以奉有余"的分配是不正义的，而现代财政分配的一个很重要原则就是通过"劫富济贫"进行"转移支付"，这显然体现了"损馀补足"的分配思想。与此同时，墨家主张通过社会互助实现财富的分配正义，在他看来"有力以劳人，有财以分人"，这是"为贤"或"义"的举动。整个社会的"有力者疾以助人，有财者勉以分人"，就可以使"饥者得食，寒者得衣"，整个社会就会"次安生生"。

西汉时期的《礼记·礼运》更阐述了"大道之行也，天下为公"的博大思想，开始从执政理念和社会制度来阐述收入分配问题。这一时期的董仲舒是主张分配正义的典型代表人物。他认为财富分配不公会对社会造成严重后果，"大人病不足于上，而小民羸瘠于下，则富者愈贪而不肯为义，贫者日犯禁而不可得止"，最终使社会秩序混乱。董仲舒从"大富则骄，大贫则忧"的思考出发，提醒执政者应使"富者足以示贵而不至于骄，贫者足以养生而不至于忧，以此为度而调均之"的"均产论"主张，所以，应当由国家制定、实施相应的收入分配政策。在具体的分配政策措施上，由于土地是农耕社会最重要的生产资料，所以他主张通过国家的行政力量调配社会各阶层的土地使用权数量，"古井田法虽难卒行，宜少近古，限民名田，以赡不足"，再辅以其他政策，"塞兼并之路，盐铁皆归于民。去奴婢，除专杀之威。薄赋敛，省徭役，

① 郭齐勇：《儒家的公平正义论》，载《光明日报》2007 年 8 月 29 日。

23

以宽民力"。

"土地使用权的分配依然是宋朝统治者颇感棘手的问题",① 宋代范仲淹在收入分配的公平正义方面也建树颇多。他提出了"损上益下"的分配原则,"下者上之本,本固则邦宁"。"损上则益下,下则固本也,是故谓之益"。对于具体的财富分配,范仲淹则主张"损有馀而补不足"。除此之外,范仲淹还提出了"以工代赈"财富分配思想,他认为政府应在灾荒之年征召民众为役,解决生计,同时鼓励富者奢侈消费以增加贫者就业机会。明代海瑞在收入公平分配方面也提出了自己的独到见解。海瑞的收入分配正义思想主要是体现在对农民的关心上,如"利民"、"足民"思想等,他主张不仅仅是直接给需要的农民分配财富,更要给生产财富的农民提供必要的社会条件,包括授予土地,轻徭薄赋等。为此海瑞明确提出了"人必有田"的主张,具体实施方式则是通过井田制,"田井而贫者得免奴佃富家之苦"。另外海瑞还提倡按资产征税,均税、均徭等。

鸦片战争爆发后,许多进步的思想家面对内外交困的现实,曾提出过许多颇有见解的分配正义观点。龚自珍认为社会财富的分配制度如果恢复到人类社会的原初状态,社会财富分配差距很小,君臣关系融洽,社会就会稳定。对于已经出现的财富分配差距,统治者应当"随其时而调剂之",履行政府应尽的管理职能。而作为农民运动最高峰的太平天国起义其最突出的成就也体现在分配正义上,《天朝田亩制度》主张实现"有田同耕,有饭同食,有衣同穿,有钱同使,无处不均匀,无人不饱暖"② 的理想社会。为此,《天朝田亩制度》将土地按产量分为九等,不论男女,按人口多寡进行平均分配,不仅考虑到分配数量问题,而且还考虑到了土地质量、人口年龄、年景好坏等因素。康有为在《大同书》中描绘出了"人人相亲、人人平等、天下为公"的大同世界。资产阶级革命领袖孙中山提出用"三民主义"改造旧中国,提出了"平均地权"、"节制资本"和"人人平等"的分配正义思想。其民生主义就是要均贫富,使人人有平等的地位去谋生活。这三者基本上都是从执政理念和制度设计、分配公允等角度来论证,是一种先进的观念。孙中山先生指

---

① 钟样财:《中国收入分配思想史》,上海社会科学院出版社 2005 年版,第 73 页。
② 《天朝田亩制度》,载赵靖等主编:《中国近代经济思想资料选辑》上册,中华书局 1982 年版,第 267 页。

出，"我们要实行民生主义，还要注重分配问题。我们注重的分配方法，目标不是赚钱，是要供大家使用。"①

综上所述，我国的学者自古以来就重视公平分配问题，古代学者的分配正义思想不仅对当时的经济社会发展发挥了重要的作用，而且有助于洞察我国分配正义思想的渊源，为研究当代中国收入分配问题提供了历史视角，并对当代中国收入分配政策的制定与制度安排有一定的借鉴意义。

## 2.1.2　马克思分配正义理论

随着市场经济的迅速发展，资本逻辑带来的两极分化问题日益凸显，"最大多数人的最大幸福"成了一种理想目标。在这种背景下，出现了对私有制的正义性的怀疑和批判，如莫尔、欧文等空想社会主义者认为，实现分配正义的前提是彻底废止私有制度。"私有财产是贫困以及由此而在全世界造成的无数罪行和灾难的唯一原因。它在理论上是那样不合乎正义，而在实践上又同样不合乎理性"。② "只有完全废止私有制度，财富才可以得到平均公正的分配，人类才能有福利"。③

在此基础上，马克思提出了有关分配正义的真知灼见。他认为不改变资本主义生产方式和生产关系的公平分配只能是一种空想，"资本主义不进行变革，就无法实现分配的正义"。④ 马克思解决分配不公的思路，绝不是仅仅停留在分配这一环节，而是研究整个经济的运行过程。在马克思看来，现实的经济运行过程是由生产、消费、交换、分配等诸多环节构成的一个整体，各个环节之间密切联系、互相制约，分配仅仅是整个经济运行过程的一个环节。其中生产不仅是这个总体的出发点，而且是这个总体的决定性因素，只有变革生产才能变革分配，分配方式不过是生产方式的另一种表现。⑤

马克思认为人类只有在共产主义社会才能真正地实现公平分配，而

---

① 《孙中山全集》第九卷，中华书局 1981 年版，第 409 页。

②③ 转自何建华：《经济正义论》，复旦大学博士论文，2004 年 4 月，第 62 页。

④ 田中孝一：《马克思的分配正义论》，载《国外理论动态》2008 年第 1 期，第 52 页。

⑤ 陈毅：《对分配正义的论争及相关理论的逻辑起点——基于自由主义、社群主义和马克思主义的考察》，载《中南大学学报（社会科学版）》2012 年第 6 期，第 10 页。

且在共产主义社会的初级阶段是按劳分配，在高级阶段则是按需分配。①

马克思所设想的共产主义社会是一个美好的理想，需要高度发达的生产力水平、极大丰富的物质财富和人们思想道德水平的极大提高。从这个意义上讲，马克思设想的按需分配原则离现实还很遥远，但并不是说按需分配没有现实意义。按需分配的根本意义不在于纯粹对物质财富的划分，而在于通过此原则来满足人的多样化主体性、实现人的内在本质和价值。即使在物质财富还相对匮乏的今天，从人的多样化主体性、实现人的内在本质和价值的视角出发认识收入分配也是具有重要现实意义的。例如，社会应该创造条件为社会成员提供基本的公共服务，满足社会成员的基本经济社会需要等。②

因此，马克思的分配正义观是建立在辩证唯物主义和历史唯物主义基础之上的，在一定的社会历史条件特别是社会经济条件下，有利于生产力的发展和有利于绝大多数人甚至一切人（包括其中的每一个人）发展的辩证统一是判断分配正义与否的根本标准。③

一方面，应从有利于生产力发展的角度认识分配正义。其一不同的生产方式决定了不同的分配正义内容；其二有利于生产方式发展是判断分配正义与否的根本标准之一。另一方面，应从有利于绝大多数人发展的角度认识分配正义。应该说上述两个方面是统一的，只有生产力的发展才能为人的发展提供物质基础，反之，只有人发展了才能为生产力发展提供动力。正如恩格斯指出的，"最能促进生产的是能使一切社会成员尽可能全面地发展、保持和施展自己能力的那种分配方式"。④

马克思的分配正义思想及其所蕴涵的基本精神内核对于现代中国仍具有重要的理论价值和实践价值。在社会主义市场经济体制发展的过程中，我们必须坚持用马克思的分配正义理论来指导我们的收入分配改革实践。

## 2.1.3　西方分配正义理论

西方有关分配正义的思想最早可以追溯至两千多年前，亚里士多德

---

① 《马克思恩格斯选集》第3卷，人民出版社1995年版，第304页。
② 黄有璋：《论中国当代分配正义》，中央党校博士论文，2010年，第29～30页。
③ 黄有璋：《论中国当代分配正义》，中央党校博士论文，2010年，第31页。
④ 《马克思恩格斯选集》第3卷，人民出版社1995年版，第544～545页。

和柏拉图都曾探讨过这个问题，希伯来经典《塔木德经》中也曾提出了在过世者的债权人中间分配财产的解决办法。[①] 近现代以来，西方思想家对分配正义问题进行了更为深入的研究与探讨，涉及政治学、哲学、经济学和伦理学等若干学科，形成了众多的理论流派。这些研究成果对于西方国家经济、政治和社会政策的制定提供了一定的理论依据。其中，具有代表性的理论主要有功利主义、罗尔斯主义、资源平等主义、自由主义、社群主义和能力平等主义等分配正义理论。

### 1. 功利主义

功利主义产生于 18 世纪末 19 世纪初，其现代形式是由杰里米·边沁（Jeremy Bentham，1789）创立的，后来得到约翰·穆勒（John Stuart Mill，1861）、西奇维克（Sidgwick，1874）、埃奇沃斯（Edgeworth，1881）、马歇尔（Marshall，1890）和庇古（Pigou，1920）的拥护，[②] 这些学者逐步将功利主义的研究方法发扬光大，使功利主义成为传统福利经济学的主流。

功利主义从快乐论和个人利益原则出发，既不同意个人权利基础理论上的自然权利说，也不同意社会契约的个人权利起源论，而坚持以"最大多数人的最大幸福"为第一和根本的原则，认为人们的幸福和痛苦可以用一定单位的效用来衡量，如果一个社会能给其中的所有人带来最大的效用，它就是公正的，这就是功利主义的分配正义原则，该原则又被称为最大效用原则，也被认为是衡量最好的政体和政治制度的标志。[③] 按照功利主义的观点，同样的财富如果集中于富人手中，就会出现边际效用递减，而把这些财富分配给穷人就会增加边际效用，从而有利于社会的整体效用，因此，为了使效用最大化，富人应该将收入的一部分转移给穷人，直到实现效用最大化为止。在社会无法达到实现的情况下，政府应该通过福利项目的实施促进社会福利最大化。其代表人物约翰·穆勒和马歇尔等都主张应借助政府力量公平

27

---

① 塞缪尔·弗莱施哈哈尔著，吴万伟译：《分配正义简史》，凤凰出版传媒集团译林出版社 2010 年版，第 1 页。

② 阿玛蒂亚·森：《社会公平和收入分配》，载安东尼·B·阿特金森、弗兰科斯伊·布吉尼翁主编，蔡继明等校译：《收入分配经济手册》第 1 卷，经济科学出版社 2009 年版，第 58 页。

③ 黄有璋：《论当代中国分配正义》，中央党校博士论文，2010 年，第 44 页。

分配。因此，功利主义一直是福利国家运动的重要支持者，在经济学中一般用简单功利主义社会福利函数和一般功利主义社会福利函数加以体现。

简单功利主义社会福利函数又称边沁社会福利函数或传统效用主义社会福利函数，它把社会福利看作所有社会成员的福利或效用的简单加总，即任何社会成员都被赋予相同的权重。受到西奇维克（Sidgwick）思想的启发，庇古（Pigou，1920）把功利主义思想作为福利经济学的伦理基础，提出了简单功利主义社会福利函数。简单社会福利函数可用公式表示为：[1]

$$W = F(U_1, U_2, \cdots, U_n) \qquad (2-1)$$

式中社会福利 W 被表示为个人效用的某个函数 F( · )。

功利主义认为在其他因素不变的情况下，任何一个人的效用增加，社会福利就会增加，任何变化，只要使某个人的境况变好，而不会使另外人的境况变差，就会增加社会福利。因此，只要能使社会福利 W 增加，就应进行收入再分配，即社会福利等于个人效用之和，又被称为加总的社会福利函数：

$$W = \sum_{i=1}^{n} U_i \qquad i = 1, 2, 3, \cdots, n \qquad (2-2)$$

式中 W 表示社会福利，$U_i$ 表示第 i 个社会成员的效用函数，n 表示社会成员人数。

简单功利主义社会福利函数包含分配正义的思想。在个人效用仅取决于收入、每个人的效用函数相同且收入的边际效用递减的三个前提条件同时具备的情况下，必然要求收入的平均分配，这也是纵向公平的体现。但由于这三个前提条件未必成立，因而，这一函数受到质疑。一般功利主义社会福利函数通过对不同社会成员赋予不同的权重，避免了简单功利主义函数收入平均分配的局限，具体公式为：

$$W = \sum_{i=1}^{n} a_i U_i \qquad i = 1, 2, 3, \cdots, n \qquad (2-3)$$

与式（2-2）不同的是，式（2-3）的 $a_i$ 表示非负权重。在这个函数中的权重的大小需要考虑人际间比较，但由于功利主义难以获得个

---

[1] 哈维·S·罗森、特德·盖亚：《财政学》，中国人民大学出版社 2009 年版，第 249 页。

人效用函数的完全信息，使得这一函数操作性较差。①

简单社会福利函数和一般社会福利函数的缺陷恰恰源于功利主义的分配正义理论本身的缺陷。按照功利主义的分配正义思想，只要能够增加整体社会福利的分配就是正义的或者说是公平的，因而，可以为了整体利益的最大化而牺牲个体利益或局部利益。因此，功利主义的一个困境就是对人的基本权利的忽视。尽管因为收入边际效用递减规律的存在，功利主义在最大化社会福利之和时会给予穷人更多的关注，但它在分配社会生产能力时往往忽视社会不利阶层的利益。② 从这个意义上讲，功利主义没有考虑到对人的尊严的关照和对人的基本权利的尊重。另外，在经济增长和分配正义的关系上，功利主义更加关心的是经济增长，忽视分配的正义。功利主义认为效率的提高和经济的增长可以以牺牲穷人的利益为代价。从总体上看，功利主义遵从的是效率原则，而不是平等原则，之所以受到功利主义的重视，是因为这种平等有利于效率。

正是基于功利主义原则的这些缺陷，功利主义受到了罗尔斯主义的强烈批判。正如罗尔斯在其专著《正义论》中提到的，"功利主义形式繁多，而且最近一些年来仍在继续发展。我不想总观这些形式，也不打算考虑当代讨论中出现的无数细致精巧的推论。我的目的是确定一个能够替代一般的功利主义、从而也能替代它的各种变化形式的作为一种选择对象的正义论"。③

### 2. 罗尔斯主义

1971 年，美国著名哲学家罗尔斯发表了《正义论》，重新激活了学术界研究正义问题的热潮。当代西方思想家关于分配正义的研究基本上是围绕罗尔斯的《正义论》展开的。他将自己的伦理体系建立在原初状态、无知之幕和理性选择这样的分析概念之上，并提出了极大极小原则。罗尔斯把自己的正义观念确定为"作为公平之正义"。

在罗尔斯看来，自由平等权利、公平竞争的机会和财产都是人类具

---

① 方福前、吕文慧：《从社会福利函数的演进看我国公平问题》，载《天津社会科学》2007 年第 3 期，第 70 页。

② 何建华：《经济正义论》，复旦大学博士论文，2004 年，第 3 页。

③ 约翰·罗尔斯著，何怀宏、何包钢、廖申白译：《正义论》，中国社会科学出版社 1988 年版，第 21 页。

有不可侵犯和不可剥夺性质的基本权利。他认为"正义的主要问题是社会基本结构",应使"所有的社会基本善——自由和机会、收入和财富及自尊的基础——都应被平等地分配"。在设定"无知之幕 + 相互冷淡"的原初状态下,罗尔斯提出了正义的两个原则。"第一个原则:每个人对所有人所拥有的最广泛平等的基本自由体系相容的类似自由体系都应有一种平等的权利。第二个原则:社会和经济的不平等应这样安排,使它们:①在与正义的储存原则一致的情况下,适合于最少受惠者的最大利益;并且,②依系于在机会公平平等的条件下职务和地位向所有人开放"。① 在罗尔斯的分配正义原则中,包括了社会基本结构的两大部分,一个是关于公民的政治权利部分,另一个是关于社会和经济利益的部分。其中第一个原则指导着政治领域自由权利的分配,即平等自由原则;第二个原则指导着经济领域机会和利益的分配,包含机会公平和差别原则。"在社会的所有部分,对每个具有相似动机和禀赋的人来说,都应当有大致平等的教育和成就前景。那些具有同样能力和志向的人的期望,不应当受到他们的社会出身的影响。"② 罗尔斯用一种词典式序列来规定两个原则的优先性问题。这样就出现了两个优先原则:一是第一原则优于第二原则即自由优先;二是在第二原则中机会公平优先差别原则,只有在充分满足了前一个原则的情况下才考虑后一原则。这就意味着,社会福利取决于效用最低的那个人的效用,可以用公式表示为:

$$W = \min(U_1, U_2, \cdots, U_n) \qquad (2-4)$$

式中 W 表示社会福利,$U_i$ 表示第 i 个社会成员的效用函数,n 表示社会成员人数。

罗尔斯认为,正是由于在原始状态下,人们不知道自己的贫富状况,才会公平地看待公平分配问题,由于极小社会福利函数不会有灾难性的后果,人们也就愿意接受。而且,由于人们在"无知之幕"之后担心自己会出于收入分配的底层,因而希望提高最底层人的收入。因此,在罗尔斯社会福利函数中,社会福利的大小取决于效用中的最小值,即社会福利的大小只取决于境况最差的社会群体的效用。比如,如

---

① 约翰·罗尔斯著,何怀宏、何包钢、廖申白译:《正义论》,中国社会科学出版社 1988 年版,第 60~61 页。

② 同上,第 69 页。

果境况最差的社会群体的效用为 100，那么社会福利也为 100。这一社会福利函数意味着社会并不关注境况最差的社会群体以外的其他群体的效用状况。在一个具有两极分化趋势的社会里，这一理论无疑具有很强的现实意义。

罗尔斯的分配正义理论在为罗尔斯赢得广泛赞誉的同时，也受到了来自理论界的广泛挑战，其中，以罗伯特·诺齐克（Robert Nozick）为代表的自由主义表现得最为突出。

### 3. 自由主义

自由主义起源于洛克等人的天赋人权学说，古典经济学家亚当·斯密也是自由主义的代表，哈耶克和诺齐克则是当代自由主义的代表人物。诺奇克 1974 年出版了其专著《无政府、国家与乌托邦》，对罗尔斯公平正义主张进行了抨击。诺齐克从"最弱意义的国家"的观点出发，认为政府的功能是维护法律秩序、保护公民的权利不受侵犯而不是进行再分配，主张用持有正义代替分配正义。[①] 与罗尔斯注重分配结果正义不同的是，诺齐克强调的是分配过程的正义。这种理论把社会福利函数的衡量标准，从分配的结果转移到分配的过程，认为程序公平或形式公平的分配所产生的分配结果才是公平的。可见，诺齐克拓展的社会福利函数强调的是社会成员的权利公平。不仅强调人身自由和政治自由的绝对性，而且也强调经济自由的绝对性，他用持有正义原则来概括一切，凸显了自由至上的理论特色。[②]

诺齐克拓展的社会福利函数告诉我们，应重视弱势群体的权利公平。弱势群体首先是在权利享有和权利实现上处于弱势，比如，农民工在购房、就医、就业、子女上学等权利上就和城市居民不同，甚至在法律制度上他们也无法主张这些权利。权利上的不公平是导致我国目前"穷者越穷，富者越富"的重要原因。因而，要保障弱势群体的利益，必须从重视弱势群体权利公平入手。

---

① 诺齐克的正义原则包括三点：一是获取的正义，对于持有物获取的途径和手段是正义的；二是转让的正义，自愿的转让是正义的；三是对不正义的矫正，不符合前两个原则的持有是不正义的，必须进行矫正。

② 罗伯特·诺齐克著，姚大志译：《无政府、国家与乌托邦》，中国社会科学出版社 2008 年版，第 183~184 页。

尽管自由主义给我们提供了公平分配中权力至上的重要性，但"诺齐克强调任何条件下权利的不可侵犯性只会导致无政府主义，而正如他自己所承认的那样，他所主张的不侵犯个人权利的最弱意义上的国家也是一种乌托邦"。①

## 4. 社群主义

在自由主义学派反对罗尔斯主义的同时，沃尔泽、麦金太尔、泰勒、米勒等人则从其他路径展开了对罗尔斯主义的批判，由于他们的观点不一，因此，又被称为社群主义。

沃尔泽认为罗尔斯的理论抽象而分配正义仅同财产、消费和拥有什么有关的内容太简单，他在专著《正义诸理论——为多元主义与平等一辩》中明确表达了对分配正义的看法，指出："分配正义的观念不仅同拥有什么有关，而且也同是什么和做什么有关；不仅同消费有关，而且也同生产有关；不仅同土地、资本和个人财产有关，而且也同身份和地位有关"。② 沃尔泽坚决反对一个领域的分配正义对另外一个领域的侵犯，他曾以金钱为例讲述该问题，他认为金钱不应该超越自己的领域界限而支配其他的正义，例如职位、权力和教育等。

米勒则分别从应得、需要和平等与社会关系的结合三个方面探讨分配正义问题，他认为"在团结性社群内部，实质性的正义原则是按需分配"③，"就人类群体间的关系接近于工具性的联合而言，相应的正义原则就是依据应得的分配"④，"公民身份联合体的首要的分配原则是平等"⑤。社群主义提出的分配正义多元论对探究当代中国居民收入差距问题有一定的借鉴意义，当代中国居民收入分配领域存在的一个突出矛盾就是权力和资本越界产生了相互作用，亦即我们通常所说得权钱交易，这是必须反对的。⑥

---

① 何建华：《经济正义论》，复旦大学博士论文，2004 年，第 5 页。

② 迈克尔·沃尔泽著，褚松燕译：《正义诸理论——为多元主义与平等一辩》，译林出版社 2002 年版，第 1 页。

③ 戴维·米勒著，应奇译：《社会正义原则》，江苏人民出版社 2001 年版，第 28 页。

④ 同上，第 29 页。

⑤ 同上，第 32 页。

⑥ 黄有璋：《论中国当代分配正义》，中央党校博士论文，2010 年，第 40 页。

### 5. 资源平等主义

资源平等主义主要是由德沃金提出的,他在批判吸收功利主义和罗尔斯主义理论的基础上,重新审视了分配正义的内涵。一方面,德沃金拥护罗尔斯提出的平等原则,但反对罗尔斯在差别原则中提出的诸如财富、收入和地位等取决于个人天然禀赋和其所处社会环境的观点。而且,与罗尔斯强调先天客观因素在分配中占有主导地位不同的是,德沃金认为个人可以凭借自身努力来弥补自己先天的不足,并过上衣食无忧的生活。另一方面,德沃金也反对诺齐克只承认市场交换,反对分配、排除再分配的观点。他认为公平分配既要符合经济规律,又要平等分配资源,而资源平等的目的就是要达到经济环境的平等。鉴于此,德沃金提出了自己的分配正义观点,即资源分配正义观。

德沃金将资源分为可转移资源分配和个人能力资源两类,其中,可转移资源分配可通过"拍卖"市场实现,而个人能力资源分配则要区分两种情况。第一种情况是对于先天因素如残疾、智障等造成的不公平应加以纠正,并辅之以虚拟的"能力保险"市场加以保障。第二种情况是对于由于风险偏好、消费偏好、工作努力程度等主观因素(如买彩票中奖)带来的收入差别,属于选择后天的因素,则应承认其合理性,不应该进行再分配。[①]

他假定每个人在市场程序下通过拍卖的方式出售资源,这既能避免不必要主观因素的干扰,又能将资源合理地分配到个人手中,从而实现了一种最终因总量的平等而无法再继续分配的情况。德沃金认为通过这种分配可以使先天处于不利地位的人,在资源拥有方面得到经济上的平等对待。然而,德沃金在资源分配认可了偏好进而自然禀赋的影响,认为如果因为人们的偏好造成了分配的不平等,那么这种不公平政府无须调整,这应该是个人为自己的选择付出的代价。[②]

很显然,德沃金的资源平等论为现实世界的产权制度和分配制度提供了规范的评价标准,但资源平等观也有其局限。正如麦克劳德批评德沃金的理论时指出的,德沃金过分地依赖一种理想化的市场概念,这在

33

---

① 阳芳:《五种分配公正观及其当代价值》,载《山东社会科学》2011 年第 8 期,第 168～169 页。

② 德沃金:《认真对待权利》,上海三联书店 2008 年版,第 65～125 页。

理论和现实之间产生了不必要的距离。①

为此，阿玛蒂亚·森围绕着能力问题进行深入研究，他认为仅仅给予弱势群体资源上的帮助是不够的，造成不平等的根源应该是人们拥有的能力不平等，是造成收入差距等的主要原因。基于此，阿玛蒂亚·森提出了新的分配正义观点，并因此获得了诺贝尔经济学奖，他的理论对当代社会的公平分配的研究影响较大，又被人们称之为能力平等主义。

### 6. 能力平等主义

阿玛蒂亚·森从经济伦理学的角度分析了分配正义的问题，在他看来，人的平等包括效用平等、资源平等和能力平三个维度，其中，最能反映人们现实生活差别是能力平等维度。由于资源平等忽视了不同人把资源转化为能力的差别，导致资源平等无法与能力平等完全重和。因此，要实现公平分配，国家给予社会底层民众以物质支持（罗尔斯）或提供资源初始分配公平的环境（德沃金）是远远不够，更应该为能力的发挥提供平等的机会和条件。

正是基于以上考虑，阿玛蒂亚·森（1976，1985）在阿特金森社会福利函数的基础上拓展了森社会福利函数，具体公式如下：

$$W = u(1 - y_e/u) \qquad\qquad (2-5)$$

式中 W 为个人福利；$y_e$ 为阿特金森（1970）提出的"公平收入分配下的等价收入"；u 表示个人收入。

阿玛蒂亚·森认为只有人的能力的发挥才更能反映人的真实福利，关心平等必须首先关注人的能力发挥，而不是欲望的满足和外在资源的多寡。以平等为价值取向不应该是独立于人的能力之外的资源分配的标准，而应该是为能力的发挥提供平等机会和条件的标准。阿玛蒂亚·森将自由与能力作为评价福利的指标不仅突破了传统以往的分配正义理论，更是对公平内涵理解的又一次深化。按照阿玛蒂亚·森的理论，公平不仅包含收入分配公平、权利公平、规则公平，还应包含机会公平、能力公平等等。其中，机会公平是实现能力公平的前提条件，而能力公平又是实现社会真正公平的必要保障。

可以说，阿玛蒂亚·森的以个人自我实现为中心的能力平等理论，

---

① Colin M, Macleod, A Critique of Liberal Equality. Liberalism, Justiceand Markets, Oxford: Clarendon Press, 1998.

是一种机会公平理论，这对研究我国居民由于机会不平等造成的收入差距问题具有重要的理论意义和现实意义。同时，对于阿玛蒂亚·森的分配正义理论也告诉我们应重视弱势群体的能力公平问题，通过对弱势群体的能力培养是解决其能力公平的主要手段之一，如我国长期以来支持"三农"发展的税收政策设计都体现了能力平等主义的分配正义内涵。

与阿玛蒂亚·森同样注重机会公平的还有布坎南、奥肯、大须贺明等。布坎南认为，出发地位平等和结果平等是公正的两个阶段，二者具有相互的依赖关系，出发地位有了满意的调整，再要对结果进行再分配转移就无太大必要，反之亦然。因此，布坎南并不同意国家用出发地位平等来调节结果平等，相反，只要能保证最早天赋和能力分配中有大致上的公正，他就不太关心竞争性市场过程中的分配结果。原因在于影响收入份额的因素是机会、运气和努力，而不仅仅是能力平等。如果选择、运气和努力在决定任何人对经济价值的实际要求对出身具有压倒力量的话，出发地位在分配中的公正问题的重要性就小多了。因此，布坎南主张竞争和规则的平等重于结果的平等。如果需要进行再分配的话，应该是通过自愿的方式而不是国家强权，也不是罗尔斯的"无知之幕"，而是宪政制度。即财富的调整或再分配必须以宪法为根据，严格地符合宪法，而不能直接使用强权。

奥肯也认为机会公平是至关重要的，原因在于：一是在机会均等问题上，一步赶不上，便步步赶不上；二是机会和结果紧密联系，更大的机会均等会带来更大的收入平等；三是即使完全撇开对于收入平等和效率的作用，机会均等本身也是一种价值。因此，奥肯认为，尽管在社会财富的生产与分配中，可以通过某些制度或措施对起点不公平者予以补偿或救济，以实现结果的公平。但是，这种补偿或救济一定不能破坏也不能替代机会公平，因为，源于机会不平等的经济不平等，比机会均等时出现的经济不平等，更加令人不能忍受。

持相同观点的还有日本学者大须贺明，他认为，人存在着个性和能力的多样性，要保护如此之个性与能力的多样性，还要让其充分地得到发展，重要的途径只能是保障自由。平等绝不能成为阻碍个人个性和能力得以发展的障碍之物，相反，平等只要保证其站在起跑线上的个人的机会均等就可以了，并不意味着由个人的能力和努力而获取的成果也要均一化。

尽管以上学者也赞同机会公平，但是并未涉及能力公平问题，而且，他们不主张政府的强权干预，认为政府应通过宪政制度的完善加以调节。如我国 2011 年的个人所得税改革的民间调查和网络征询意见就体现了民众的自愿性，也是宪政治理的一个典型体现。

从以上对西方学者相关分配正义思想和理论的分析可知，西方学者一直注重分配正义的研究，他们的研究成果对西方国家分配政策的设计和实施发挥了重要的作用，这对解决我国当前的贫富差距过大问题有一定的现实应用价值。

## 2.1.4 中国当代分配正义理论

自新中国成立以来，历代党和国家领导人始终坚持把实现分配正义作为建设社会主义社会的重要内容加以推进。

毛泽东同志对社会主义分配正义给予了高度重视，他一贯主张财富公平分配，认为"中国的经济，一定要走'节制资本'和'平均地权'的路"。① 邓小平同志明确指出，"社会主义的本质，是解放生产力，发展生产力，消灭剥削，消除两极分化，最终达到共同富裕"，并强调了"发展生产力"与"共同富裕"互动生成关系，② 将实现分配正义纳入到了社会主义本质的要求中。

江泽民同志，也反复强调要满足和实现中国最大多数人民的利益，他提出的"三个代表"重要思想，其出发点和落脚点就是要满足中国最大多数人的根本利益，并强调通过政策、制度及社会保障等来逐步实现和满足人民利益，大力推进扶贫工作，把分配正义问题作为涉及全社会的重要战略问题加以解决。

自党的十六大召开以来，胡锦涛同志在推进我国社会主义现代化建设的事业中，提出了一系列关于分配正义的新思想、新观点和新论断，形成了以"成果共享"为目标，以"科学发展"为基础，以"权利公

36

---

① 《毛泽东选集》第 2 卷，人民出版社 1991 年版，第 679 页。
② 付春：《邓小平先富共富理论对解决当前贫富差距过大问题的启示》，载《毛泽东思想研究》2010 年第 11 期，第 77 页。

平、机会公平、规则公平、分配公平"① 四大公平为原则，以制度建设为保障的中国特色社会主义分配正义观。② 胡锦涛进一步指出，"制度是社会公平正义的根本保证"，并指出要实现"包容性增长"，从而为我国社会公平正义的实现指明了方向与路径。

党的十七大报告进一步提出了"要坚持和完善按劳分配为主体、多种分配方式并存的分配制度，健全劳动、资本、技术、管理等生产要素按贡献参与分配的制度，初次分配和再分配都要处理好效率和公平的关系，再分配更加注重公平"的分配正义思想，并首次提到了"创造条件让更多群众拥有财产性收入"的新观点，这些思想和观点指导着我国包括税收制度在内的各项收入分配制度的建设和完善。

党的十八大报告更加强调了公平分配的重要性，提出了"调整国民收入分配格局，着力解决收入分配差距较大问题，使发展成果更多更公平惠及全体人民，朝着共同富裕方向稳步前进"的新思想。"更公平"的提出，说明党在解决收入分配问题上决心更加坚定，方向也更加明确。党的新一代领导核心习近平同志指出的"我们要坚定不移地走共同富裕的道路"的新论断体现了我国当前收入分配改革的应有之义，也是中国共产党人的不懈追求。

从以上分析可知，新中国成立以来，我国的分配正义理论无论是在理论层面，还是实践层面都得到了长足发展，为本书展开促进公平分配的遗产税研究提供了新的思路和方法，从而避免了仅仅采用西方分配正义理论研究我国贫富差距问题带来的"水土不服"问题。

## 2.2　税收公平理论

从税收产生的那一天起，税收制度的构建与完善就一直徘徊在"公平"与"效率"之间，古今中外的学者围绕着税收公平与税收效率展开了激烈的争论，并形成了一系列的税收公平理论。

---

① 胡锦涛：《在省部级主要领导干部提高构建社会主义和谐社会能力专题研讨班上的讲话》，载《人民日报》2005 年 6 月 27 日。

② 王晓青：《十六大以来中央领导集体的公平正义观探析》，载《学术论坛》2010 年第 11 期，第 1~4 页。

### 2.2.1 西方早期学者税收公平思想

西方学者对税收公平的研究最早可追溯至重商主义时期，当时的重商主义代表人物之一托马斯·曼在其1621年发表的专著《论英国与东印度的贸易》一书中就流露出了税收公平的思想。托马斯·曼认为税收主要包括交换、节约和民主三大原则。其中，在民主原则中，他阐述了国王应该对贵族和平民以公平的税收待遇，不应因身份而有所差别，[①]这其中蕴涵了早期税收公平思想的萌芽。重农主义学派的主要代表人物沃邦于1696年和1707年发表了专著《魏兹雷征税区地理记述》和《王国国什一税方案》两书，在书中，沃邦表达了自己的税收公平理念。他认为，由于税负过重以及征税与分配的方法不合理，农民已被税收压得不堪重负，为此，他主张进行"人头税方案"的税收制度改革，并在该方案中明确地提出了平等比例课税的思想。[②]

重农主义学派对税收公平问题的研究要晚于重商主义学派，"出于对税收公平及减轻农民税负的追求，重农主义的税收改革取向主要是人头税，这也是西方国家最早提出的、最接近现代个人所得税的税种，也是当代学者经常提及的一次性总付税的雏形"。[③]尽管重商学派和重农学派的税收思想中都包含了对税收公平的诉求，但是这两个学派并没有明确提出税收公平问题。

英国的古代经济学家威廉·配第针对英国"并不是依据一种公平而无所偏袒的标准来课征的，而是听凭某些政党或是派系的掌权来决定的。不仅如此，这些赋税的征税手续既不简便，费用也不节省"的税收状况，他在1662年出版的《赋税论》和《政治算术》两书中，明确提出了"公平、简便和节省"的税收原则。在威廉·配第看来，所谓公平，是指税收要对任何人、任何事都不应偏袒，由于应纳税人能力不同，对其征收的税收数量也不应相同的，而且税负也不能太重。所谓简

---

① 国家税务总局税收科学研究所编著：《西方税收理论》，中国财政经济出版社1997年版，第3~4页。

② 同上，第12页。

③ 王勇：《公平与效率视角下我国个人所得税研究》，载《西南财经大学博士论文》2009年，第8页。

便，是指征税手续要简化，方法要简明，应尽量给纳税人以便利。所谓节省，即是指征税时征纳双方所花费用最少。

继威廉·配第之后，德国新官房学派的尤斯蒂和意大利财政学者费里也提出自己的税收公平观点。尤斯蒂认为，赋税必须自愿并且不能危害人民生活和工商生产；赋税的课征要公平和平等；赋税要确实；赋税课征的费用不能过度。费里则认为的税收原则是：赋税不应课及穷人；课税费用应力争最小；税收要在法律上加以确定；税收不可能使财政循环中断；税收不可有害于生产的发展。

综上所述，就重商主义和重农主义的有关税收公平的观点比较而言，西方学者对其的认识在不断地深入和完善。从他们的研究可知，公平始终是税收原则中不可或缺的关键。无论是重商主义还是重农主义时期，西方学者在一定程度上都表达了其朴素的税收公平思想。尤其是威廉·配第提出的"对任何人、任何东西无所偏袒，应根据纳税人的不同能力征收数量不同的税"的税收公平原则无疑是"支付能力说"的最初表达。

## 2.2.2　西方近现代学者税收公平理论

英国近代思想家霍布斯在其著作《利维坦》中将社会契约论引入了税收的研究领域，他认为人民为公共事业纳税无非是为了换取和平而付出代价。[1] 税收公平表现为各个纳税人承担的税收负担与其享有的政府提供利益成比例，并且认为消费水平高的人应多纳税。洛克发展了霍布斯的思想，认为税收是人民提供利益而获得的报酬。孟德斯鸠在深入分析纳税与财产自由关系的基础上，认为纳税人缴纳的税款通常与其享有的自由程度成正比，在他看来，税收相当于财产所以者享有国家保护而必须缴纳的"保护费"。[2]

尽管税收公平思想发端于古典经济学鼻祖亚当·斯密之前，然而，却是亚当·斯密首次将税收公平原则提升到了理论高度并进行了系统的论述。亚当·斯密 1776 年发表了著名的《国富论》，在该著作中，亚当·斯密把税收公平作为政府课税的首要原则。他认为课税公平是指

---

[1]　霍布斯著，黎思复、黎廷弼译：《利维坦》，商务印书馆 1986 年版。

[2]　杨斌：《税收学》，科学出版社 2011 年版，第 73 页。

"各国臣民应当为政府的支持而纳税，税款尽可能与其支付能力成比例。也就是说，应当与他们各自在国家的保护下所获得的收入成比例。一个大国的政府对个人的支出，就像是大庄园管理者对于佃户的支出。在大庄园中，所有的佃户都必须按照他们各自在庄园中获得的利益进行纳税。遵守这一准则，税收就是公平的，否则就是不公平的"。① 根据"税款尽可能与其支付能力成比例"这一表述，可以从横向和纵向两个方面理解亚当·斯密的税收公平原则。所谓横向公平，是指具有相同支付能力的人缴纳的税款应该相同；而纵向公平则是指所有的人都必须按照他们各自从国家中获得的利益进行纳税，不同支付能力所负担的税款不同。直到今日，这两个原则仍然是政府制定税收政策必须遵循的税收公平原则。

亚当·斯密之后的学者在前人研究基础的上，对税收公平作了进一步的探索，并逐步分化为"受益说"和"支付能力说"两个不同的学术流派。

### 1. "受益说"学派的税收公平理论

早期的受益原则由以休谟、卢梭为代表的契约论者提出，认为税收是社会成员为了得到政府的保护所付出的代价，即纳税行为取决于个人从政府支出中享受到的利益的大小。他们在个人受益的衡量上存在很大的分歧，有的主张以收入的多寡为判断标准，如孟德斯鸠的"保险费"观点，霍布斯则主张以消费为课税基础，亚当·斯密主张以收入为衡量标准。多数早期受益者如霍布斯、格老秀斯等主张实行比例税，孟德斯鸠、卢梭等主张实行累进税。②

"受益说"学派的学者们大多继承了亚当·斯密的"按各自在国家保护下享得收入的比例纳税"这样的观点，他们认为应该按纳税人从政府公共支出中获得的利益程度来分配税负，受益多的多缴税，受益少的少缴税，受益相同的缴纳相等的税额。该学派的代表人物之一的法国学者西斯蒙第在其著作《政治经济学新原理》中税收原则进行了阐述，从他所表述的税收原则中可以很明显地看到"受益说"的痕迹。西斯蒙第在其提出的第三个税收原则"税收不可侵及纳税人的最低生活费"

---

① 亚当·斯密:《国富论》，商务印书馆 1974 年版。

② 杨杨:《税收公平观的历史演进》，载《商业时代》2010 年第 11 期。

中很明确地指出，"赋税是公民换得享受的代价，所以不应该向得不到任何享受的人征税"。① 很显然，西斯蒙第秉承了社会契约论的利益交换观点，他主要是从受益角度来测度税收的公平与否。

但是，早期的学者们并没有给定对受益数量和受益程度进行度量的明确标准，导致"受益说"在公平问题上显得较为含糊，存在难以实施的技术难题。国家征税到底给每个纳税人提供多少利益难以准确计量。此外，人与人之间的比较也是一个难题，正如约翰·穆勒在1848年出版的《政治经济学原理》中所阐述的那样，"一个人拥有财产数量是另外一个人的十倍，但不能证明该人享有的政府提供给其利益也是另外那个人的十倍"。②

维克赛尔、林达尔等学者出现后逐步解决了税收公平的度量问题。维克赛尔（1896）主张通过建立自愿交换模型，解决"受益说"无法进行公平度量的缺陷。维克赛尔认为可以通过议会民主这个中介，利用投票手段达到各个利益集团的利益均衡，也就是通过议会协商同意的结果，让所有参与税收决策的"代表"都感受其受益与所费相一致，从而使税收达到公平。③ 他认为，为了实现公平的受益，政府应该分两步实施，一是按照社会的公平准则，通过开征特别税去没收不正当的收入和财产；二是在此基础上确定公共支出与受益的公正对然而。④ 然而，在现实生活中，很难找到一个全体都同意的方案，能够找到让大多数人满意的方案就不错了，但如果多数人赞同的方案损害了少数人的利益，则公平就很难实现。

图洛克和布坎南遵循维克赛尔的思路对"赞同的计算"进行了深入研究，认为只要符合一定条件，即待决策方案的决策成本和外部成本小于该决策所可能带来的收益，原来不同意的少数"代表"也将接受这种来自多数人的"强制"，一致自愿同意还是会发生。否则少数人就会投否决票，必须更改方案，进行新一轮磋商，直到满足上述条件，达成一致同意为止。这正像市场上的商品交换一样最终达成帕累托最优。

41

---

① 郝春虹：《税收经济学》，南开大学出版社 2007 年版，第 148 页。

② 约翰·穆勒著，胡企林、朱泱译：《政治经济学原理及其在社会哲学上的若干应用》，商务印书馆 1991 年版。

③ Knut Wicksell 1958 Studies in the Theory of Pubilc finance//R. A. Musgrae and A. T. Peacok. Classics in the Theory of Public Finance. London：The Macmillan Company：72 – 117.

④ 杨杨：《税收公平观的历史演进》，载《商业时代》2010 年第 27 期，第 76~79 页。

显而易见，维克赛尔等人的逻辑前提与完全自由达到帕累托最优假设相似，他们始终假定议会中的成员能够完全地、自主地代表阶层的利益，并且对利益的表达完全是自愿的，决策的信息是充分的。[①] 但是，"交换说"有问题的是，在现实生活中的"经济人"可能会选择能为自己带来更多满足的决策而不考虑其他人的利益，即这些决策"代表"无法代表大家的共同利益，而且，维克赛尔的税收公平是以财产的初始分配是公平的为前提，而在现实生活中，财产的初始分配往往是不公平的。因此，维克赛尔的税收公平理论在实践中难以应用。

正是基于此，林达尔在1919~1958年探索了二人加公共部门的世界，提出了林达尔均衡。在林达尔的模型中，假定有两个政党，这两个政党分别代表着具有共同偏好的两组选民。这两个人或政党所拥有的政治权力是相同的，每个人或政党都准确地表达了自己的偏好。同时，是通过拍卖程序来得出不同的税收份额和预算支出规模的。在这种程序下最终会出现一组均衡价格（纳税份额），从而出现了两人均同意的公共产品提供数量，表明一致同意原则得到了实现。因此，林达尔认为只有纳税人支付的税收价格等于他从某一公共产品中得到的边际效用值，并且其所纳税收的总和等于提供该公共产品的总成本时，才是比较公平的税收。

具体到税制设计上，"受益说"学派对于公平税率的看待也不尽相同，主要比例税率支持者和累进税率支持者分为两大阵营，早期的"受益说"学者如马佐拉、维克赛尔、林达尔等比较赞同比例税率，而西斯蒙第等却支持累进税率，因此在税率设计的问题上"受益说"学派的观点并不一致。

由于"受益说"将政府的收入与支出紧密联系在一起，因此，受益原则不但可以用来度量税收政策，也可以用来度量税收的支出结构是否合理。然而，由于诸如林达尔均衡等税收公平理论需要严格的假设前提，加上现实生活中存在以下几个方面的制约因素，使得利益原则难以用于实际应用于现实世界税收政策的设计。

其一，公共产品的非竞争性和非排他性特征导致"免费搭车"现象的存在，因而无法根据真实的供求关系来决定公共产品的价格，导致公共产品的提供存在障碍。

---

① 杨斌：《税收学》，科学出版社2011年版，第74~75页。

其二，很难确切地测度人们获得受益公共产品的数量或者说受益的程度，尽管边际效用学派试图解决这一难题，但边际效用本身的衡量就是一个难题。

其三，只有存在一个对公共支出受益程度的衡量标准，我们才能区分个人在公共产品提供中的受益程度，由于群体的价值判断影响了这些度量标准，从而严重地影响了受益原则的公平性。

其四，受益原则的应用可能会导致某一具体税种对个人福利或者社会福利产生扭曲，按受益原则设计的税收政策可能会抑制人们对某种公共产品的消费，并由此导致政府配置资源上的无效。

我们认为，"受益说"学派所信奉的受益原则不但是税收公平原则的具体体现，从另一方面看受益原则也给出了征税的理由，即公民因为享受了政府公共支出的利益而应该支付税款。因此，受益原则不仅仅是单纯的税收公平原则，其包含内容是比较宽泛的，至少它还涉及财政支出。但不能否认的是这些理论可以给我们提供现实世界公平税制设计的思想与思路。

正是由于"受益说"的上述缺陷，"支付能力说"应运而生。与"受益说"相比，"支付能力说"则要单纯得多，其内容基本只包括对税收公平原则的考量而不涉及公共产品的提供问题，在公平原则上主要持"量能纳税"的观点。他们认为拥有相同纳税能力的人必须缴纳相同的税收，而具有较高能力的人必须缴纳更多的税收。可以看出，与"受益说"相同的是，"支付能力说"同样体现了税收的横向公平与纵向公平。从西方税收思想发展史来看，"支付能力税"主要有主观学说和客观学说两个学派。

## 2. "支付能力说"学派的税收公平理论

约翰·穆勒是"支付能说力"主观学派的主要代表性人物，他认为，"为什么公平必须成为课税准则呢？因为所有的政府事务都应当是这样。由于政府不应在公平要求方面对个人或者阶级区别对待，无论政府要求他们做出什么样的牺牲或提出什么样的要求，应使每个人承受的压力尽可能相同，同时就遵守总牺牲最少这样一个原则……这意味着均等牺牲"。[1] 约翰·穆勒认为"均等牺牲"是指，需要对高出生活费用

① 阿兰·J·奥尔巴克、马丁·费尔德斯坦：《公共经济学手册》（第 1 卷），经济科学出版社 2005 年版，第 16 页。

的那部分收入课征比例税，他是坚持应对纳税人课以比例税而反对累进税的。约翰·穆勒认为按照同一百分比纳税意味着能够实现平等牺牲。在他看来，相对于较低所得额来说，对较高的所得额采用较高的税率课税是对勤勉和节约的课税。[①] 后来的学者将牺牲归结为效用损失，认为人们向政府纳税造成的牺牲也是一种效用损失，只要这种效用损失在主观评价上所有纳税人都是一样的，即牺牲均等，则就实现了税收公平。

在边际效用学派兴起后，萨克斯、科恩·斯图亚特、埃奇沃斯等人将其发展成为绝对牺牲说、比例均等牺牲、边际均等牺牲等。埃奇沃斯（Edgeworth，1897）考虑了两个自利的当事人在没有竞争的条件下立约的情况，他认为"在这种条件下，不能期望任何一方长期获得较大份额的总福利……在每种情形下能够使他获得总效用中或大或小比重的所有分配原则中，使每一次的总效用达到最大的原则提供给每个人的长期效用也最大。在理论上解决这一问题的办法，就是对富人进行征税，使穷人得益，直至财产实现完全公平"，因此他认为均等边际牺牲或最小总牺牲是最优解。换言之，在公平原则这一问题上，坚持"支付能力说"的埃奇沃斯认为等边际牺牲是衡量公平的基础。另外，主张边际牺牲相等的卡佛、庇古等人，证明了在税收公平与社会福利的研究框架下，边际牺牲相等原则下累进税率是必然选择。

由于牺牲和效用的主观性，直到目前为止还没有找到准确计算或度量收入效用以及损失的办法，效用和牺牲等概念仍属于心理感觉范畴，因此均等牺牲的税收公平思想具有理论意义，却没有实践意义。[②] 鉴于均等牺牲的主观性的不可度量性，其他学者如维克赛尔等人从复兴"受益"原则，赛利格曼等人以"所得"为衡量标准，展开了对"支付能力"主观学说的挑战。前文已对"受益税"进行了阐述，此处不再赘述。

赛利格曼等人提出的以"所得"为衡量标准又被后人称为"支付能力客观说"。赛利格曼从历史视角，通过比较研究人丁、财产、消费或产品、所得四课税标准，相对其他三个标准，所得课税标准是最能体现支付能力课税原则。在他看来，所得多的多纳税，所得少的少纳税，

---

① 王勇：《公平与效率视角下我国个人所得税研究》，西南财经大学博士论文，2009 年，第 12 页。

② 杨斌：《税收学》，科学出版社 2011 年版，第 76 页。

税收负担公平合理。[①]

　　"支付能力说"学派的其他学者在约翰·穆勒之后对税收公平原则进行了更深层次的研究，其中，较有代表性的是德国的财政学家瓦格纳。瓦格纳首次将税收分为财政意义上的税收和社会政策意义上的税收，在著作《财政学》中提出了有关税收的"财政政策、国民经济、社会正义和税收行政"的四项原则。这四项原则具体又可分为"税收充分、税收弹性、税源选择、税种选择、税收普遍、税收平等、税收确实、税收便利和最少征收费用"九个原则，被后人成为税收的"四项九端"原则。瓦格纳提出，"什么是公平税收，实践上作何体现，完全取决于对现存所得和财富的分配状况作何估计。这个分配状况是私人企业中通行自由竞争法则的结果"。[②]

　　瓦格纳主张政府应发挥税收在调节所得和财富分配方面的作用，他认为既然纳税能力是随着所得和财产的增大而提高的，那么就要实行累进税。而且要区别不同的所得来源，重课财产所得和偶然所得，轻课勤劳所得。此外，他还主张在普遍征收所得税以外，还要征收奢侈税、一般财产税和资本税，其目的是加重富人的税收负担、减轻穷人的税收负担，以贯彻他的社会政策，矫正自由经济社会中发生的分配不公现象。

　　当代西方经济学家进一步指出了税收公平从能力负担角度有横向公平和纵向公平之分。所谓横向公平是指条件相同的人纳同样的税，即具有相同纳税能力的人应平等对待；所谓纵向公平是指条件不同的人纳不同的税，即纳税能力不同的人应差别对待。但如何衡量纳税能力相同则没有定论。最常见的情况是按照收入衡量，但由于其付出的劳动不同，有的经济学家认为可用工资率代替。但是这种计量模式仍然存在缺陷，如没有考虑工作环境、人力资本投资等方面的因素。

　　基于上述原因，费尔德斯坦（1976）提出了用序数效用衡量境况变化或纳税能力标准，[③] 认为如果纳税人在征税前后的效用相同，或者效用的排序没有发生变化，这样达到了税收的横向公平。按照费尔德斯

45

---

　　[①]　赛利格曼：《所得税论》，商务印书馆 1935 年版，第 3～15 页。转自杨斌：《税收学》，科学出版社 2011 年版，第 76 页。

　　[②]　许文：《税收公平内涵的历史演变及理论发展前瞻》，载《财政研究》2004 年第 6 期，第 26 页。

　　[③]　Martin Feldstein. 1976. On the theory of tax reform. Journal of Pubilic Economics，6：77－104.

坦的观点，只要纳税人的偏好不同，同样所得缴纳相同的税不会实现税收的横向公平。反之，只要纳税人的偏好相同，同样所得的人或消费相同商品的人，缴纳相同的税就可以实现税收的横向公平。[1] 这表明建立在效用基础上的横向公平十分保守，也就是说任何税制设计从横向公平来看都要谨慎。因此，我们在进行税收政策设计时应选择具有普适性的征收对象，减少不必要的区别对待，并且税收政策应保持稳定，避免课征变化无常的苛捐杂税。[2]

随着各国收入分配问题的逐渐凸显，波及世界范围的贫富差距问题已成为各国政府在进行政策选择时必须要面对和解决的问题之一。税收作为政府调节收入分配的政策工具之一，以阿特金森为代表的西方经济学家从最优税制层面研究税收公平问题，认为一国政府应在维持一定税收收入的前提下，使课税行为导致的效率损失达到最小，从而建立了"最优税理论"。随着最优税收理论在 20 世纪 70 年代的发展，"支付能力公平"原则又有了新的突破。

### 3. 最优税学派的税收公平理论

最优税理论主要是指税收制度的设置必须满足一定税收原则的要求，这些原则包括效率、公平、经济稳定与增长、管理，等等。而一套能够实现这些原则目标的税制，能在提供政府所需财政收入的同时，又能较好地激励经济行为主体。最优税理论主要研究了三个方面的问题：一是直接税（所得税）与间接税（商品税）的合理搭配；二是寻找一组特定效率和公平基础上的最优商品税；三是假定收入体系是以所得课税而非商品课税为基础的，如何确定最优累进（或累退）程度，以便既实现公平又兼顾效率。最优税理论学派的代表人物主要有阿特金森、拉姆齐、米尔利斯、斯特恩等。该学派一个重要的特征就是大量采用数学方法研究税制优化问题，其中也包含了对税收公平的研究。

米尔利斯（1971）通过社会福利最大化来实现税收公平问题，同时通过激励相容约束来解决政府信息不完全的问题，从而解决了税收的效率问题。米尔利斯指出，如果想在税收中引入公平因素，这种经济的

---

① 哈维·S·罗森、特德·盖亚著，郭庆旺、赵志耘译：《财政学》（第八版），中国人民大学出版社 2009 年版，第 353～354 页。

② 同上，第 286～288 页。

无税均衡就必定具有一种不公平的所得分配，所得分配也必须由模型内生成，且各个家庭获取的所得不相同；同时所得税必须影响家庭的劳动供给决策，以此将效率因素引入最优税制的研究。米尔利斯的模型假设经济是竞争性的；经济中的家庭只是就业技能水平上存在差异，而这样的技能水平差异通过小时工资率或收入水平体现出来；技能水平是私人信息，政府无从得知；国家的唯一税收工具是所得税；总所得可以被观察到。其模型的基本思路是求得在满足政府收入要求的约束和激励相容约束条件下最大化社会福利函数。

戴蒙德、米尔利斯（1971）得到了三点结论：一是近似的线性所得税率表（即对不同的人采用不同的比例税率，这些比例税率汇成税率表）是可以得到的，并且政府应该考虑采取负所得税制度；二是所得税的公平并不像想象的那样有效；三是最好通过税收的一些补充措施以避免所得税所面临的困难，如引入取决于工作时间和劳动收入的税率表等。由于米尔利斯的非线性模型在分析上十分复杂，其结论也只是提供给我们关于政策讨论的指导性原则，为了得到最优税收结构的更详细情况，有必要考察数值方面的分析。

阿特金森（1973）认为，最优税理论综合考虑了商品税和所得税在效率和公平方面的优势。他认为从某种意义上说，这种理论避免了孤立看问题带来的缺陷。商品课税容易实现效率目标，而要解决的问题是如何使其具有公平分配收入的功能；所得课税容易实现公平收入分配目标，而要解决的问题是如何使其促进经济效率。在研究了商品税和所得税的适当组合，特别是用差别商品税来补充所得税是否可取的问题之后，阿特金森得出结论：在同时征收间接税和个人所得税的开放税收体系下，如果政府更为关注收入分配，一般会使用间接税，但由于均一间接税等价于同比例所得税，因此以不同税率运用间接税成为最关键的问题。一般说来，在关注收入分配的平等并无所得税的条件下，最优税率随商品需求弹性的上升而提高，然而在引进具有免税水平的所得税以后，就没有必要使用间接税，而单纯通过一个固定边际税率的线性所得税就可以简单地达到最优目的。如果政府没有分配目标而仅仅关注效率，那就可仅仅使用直接税，并采用人头税的方式来完成。线性所得税只是所得税的特殊形式，更一般的所得税类型是非线性累进所得税。当所得税边际税率有多个，且税率随着收入的增加而增加，甚至最高的边际税率定为 100%，这样的累进所得税制度称之为非线性所得税。非线性所得税明显提供了更灵活的方式来实现所得税的分配目标。阿特金森以为，在这种情况下，统一的间接税是最优的，只要劳动和所有消费的商品之间是弱可分的效用函数即可。

同时，阿特金森将社会价值引入了收入分配问题。他指出，以实证方法度量不平等，从表面上看似乎避免了福利分析，但对这些方法更详细的考察将表明，每种方法都是以社会福利函数形式的隐含假设为基础的。如果能使这些隐含的社会福利函数明确化，我们就将更加清楚地看到每种度量隐含的公平观。例如，基尼系数中所体现的社会福利水平是以收入的加权平均来衡量的，其权重就是将收入排序得到的序数，更具体地说，它给予最高收入者的序数是 1，第一高收入者的序数是 2，依此类推。显然，基尼系数给出的社会福利评价是和一个隐含的任意社会福利函数结合在一起的。这也是统计度量方法遭到批判的重要原因。解决这一问题的措施之一，就是把对分配不公的社会价值判断引入度量之中，一个很好的方法是利用社会福利函数，从具体的社会福利函数中推导不平等度量尺度而使福利判断显性化。阿特金森在借鉴和考察他人关于不平等分配计量的研究成果的基础上，提出了新的更为切合实际的计量方法，即规范法。规范法就是以平等主义的价值判断为基础，从而导出不平等的度量的。度量指标直接显示了价值判断，而不是如实证方法那样只是对实际的分配模式作统计描述。为此，阿特金森构建了社会福利函数，他将社会成员分为穷人（p）和富人（r）两个部分，富人群体的间接效用函数为 $V^r$，穷人群体的间接效用函数为 $V^p$，则阿特金森的社会福利函数具体公式可表示为：

$$W = \frac{1}{1-\varepsilon} \sum_{h=p}^{r} \left[ (V^h)^{1-\varepsilon} \right] \qquad (2-6)$$

式中 $\varepsilon$ 表示"规避不平等"的参数，$\varepsilon$ 越大，则社会福利赋予穷人的份额就越大，社会规避不平等程度则越高。[1]

阿特金森认为在要素价格不变的条件下，个人收入分配状况受到个人的收益能力、婚姻形式、机会不平等、继承财产的程度、家庭规模、经济政策等多种因素的交叉影响。因此可通过不同的税收政策来实施影响，从而不断改变着个人之间的收入分配状况。而且，通过采用罗尔斯

---

[1] 拉本德拉·贾：《现代公共经济学》，中国青年出版社 2004 年版，第 63~66 页。

社会福利函数对最优所得税研究后，认为所得税的最高边际税率不会超过 50% 。

现代财政学之父马斯格雷夫（1973）在其代表作《财政理论与实践》中提出，税收公平应是凡具有相等经济能力的人，应负担相等的税收；不同经济能力的人，则负担不同的税收。也就是说公平的概念包括两种，一是横向公平；二是纵向公平。横向公平是指处于同等经济状况的人应纳同等的税收，如当两个人税前有相等的福利水准时，则其税后的福利水准亦应相同；而纵向公平的目的在于探讨不同等福利水准的人应课征不同等的税收。为此，首先必须决定课税后每人效用相对降低的程度，而这又牵涉到人与人之间效用比较的价值判断。

马斯格雷夫是政府积极干预主义的倡导者，他坚定地认为政府是社会正义的工具和有效的宏观经济政策。他主张，税收政策不仅仅是要以公正的方式取得收入，而且要在对税制的公正性最小伤害的情况下提高整个经济的业绩。究其一生，他一直坚持公正和累进的税收政策，即使在 20 世纪 80 年代这种思想在理论上已落伍的时候，他依然如故。在 1989 年老布什任总统时，他还向政府建议要提高税率，目的是要使税收负担的分布更加公正。

除了关注国内的税收横向公平外，马斯格雷夫还注意到了国际间、国家间的税收公平问题。他认为，在开放经济条件下，涉及国际间和国家间两个不同的公平标准，根据国际水准上的横向公平，如果某个人的综合应纳税额与另一个人相同，那么，他就应当得到公平对待，而不管其收入是来自国内还是国外。为此，国外所征税收必须由基本税收义务国从其自身税收中抵免。如果外国税收较多，就应该退税。而根据国家水准上的横向公平，税收基本义务国在对有国外收入的纳税人计算国内税的纯收入时，可以扣除外国所得税，而不存在任何抵免。这两种标准不仅对纳税人之间的公平产生重大影响，而且对国家间的公平产生重大影响，因为不同的标准对国家的税收利益和损失有着不同影响。虽然从世界范围的效率看，国际公平更有利于效率，但世界范围的效率并不等同于国家效率，二者间可能存在偏差。在经济全球化导致竞争加剧和各国普遍强调国家利益的情况下，税收公平的定位应是国家间公平，而不是国际公平。

斯特恩（1976）研究了最优线性所得税问题，被后人称之为斯特

49

恩模型。将所得税对劳动供给的影响加以考虑并结合负所得税设想提出了一种线性所得税模型。这是一种具有固定的边际税率和固定的截距的线性税收模型。用公式表示为：

$$T = -G + tY \qquad (2-7)$$

式中 G 表示代表政府对个人的总额补助；T 为税收收入；t 为税率；Y 表示个人的全部所得。

斯特恩经过研究认为劳动的供给弹性越大，边际税率的值应当越小，他还在一些假定前提下计算出要实现社会福利最大化的目标边际税率 t 的值应为 19%，斯特恩的研究否定了累进税率应当随收入递增最后达到 100%的结论。

从米尔利斯、斯特恩以及戴蒙德等人的研究可知，对于高收入者课以重税未必导致公平的结果，反而可能使得低收入者的福利水平下降，所得税在缩小不平等方面并不是一直有效。[①]

综上所述，早期的西方经济学家们从不同角度对税收公平进行了初步的研究，并提出了涉关税收公平的一些思想观点。随后，以亚当·斯密为代表的古典经济学家们，对税收公平问题进行了广泛而深入的研究，明确提出了课税的基本原则，并将公平原则列作税收原则的首条，对它进行了详尽而明确的阐述。此后的"受益说"和"支付能力说"是税收公平原则理论的更为具体体现，"受益说"中涵盖了从公共支出角度考虑税收公平问题，"支付能力说"主要是从征、纳税的角度来诠释税收公平，最优税理论则是从税制设计的角度探讨税收公平，马斯格雷夫主要提出了税收的横向公平和纵向公平原则，而这些对我国当前的税收政策设计和制度安排来说，无疑有着不可忽视的理论价值和现实意义。如税收的横向公平和纵向公平理论在我国目前的税收公平研究中广为使用。

## 2.2.3 中国古代税收公平思想

从我国学者的研究来看，一般认为我国古代的税收公平思想主要分为以下三个阶段。

---

① 杨斌：《对西方最优税收理论之实践价值的质疑》，载《管理世界》2005 年第 8 期，第 23~31 页。

### 1. 任土作贡、相地而衰征的税收公平思想

我国古代税收公平思想的第一阶段是按土地等级或其所处地理条件课不同数额的税，这一思想最早出现在《禹贡》中。[①]《禹贡》是《夏书》中的一篇，主要内容是对大禹治水业绩的记述和当时田赋贡纳的规定，表现了早期奴隶社会的赋税思想。《禹贡》记载的古代地税制度，其主要特点是根据土质肥度以及距离帝都的远近、水陆交通、产品种类等因素，将土地分成若干等级，在此基础上确定税负水平。土质优良、所处地理条件优越的土地多纳税；反之少纳税，使税收负担公平合理。后来管仲提出"相地而衰征"，即按土地肥沃程度定赋税轻重的主张，与《禹贡》体现的税收公平思想类似。《禹贡》中虽然没有明确税收公平原则，但从中不难看出《禹贡》已经开始意识到公平原则对课税的重要意义，而这些思想对后世的税收公平理论的影响极为深远。

### 2. 按劳动能力强弱课税的税收公平思想

我国古代税收公平思想的第二阶段是按纳税人劳动能力的强弱制定不同的征税等级。如西晋"占田制"已鲜明地体现以劳动能力强弱作为课税标准的思想。在"占田制"下，劳动力有"正丁"和"次丁"之分，而"正丁"和"次丁"还有男女之别，其实质性内涵是按劳动能力强弱规定接受土地和负担税收的数量。这一思想在北朝及隋唐的"均田制"里得到了进一步体现，在规定上也更为具体，接受土地和负担税收的数量不仅考虑劳动生产能力的高低，而且考虑使用牛耕的多与少、役用奴婢的多与少等因素。如在按劳动生产能力的高低分配田亩及纳税义务方面，规定男多女少，使用牛耕者多、非牛耕者少，役使奴婢多者多、役使少者少，等等。又如，对地主占有土地和纳税的规定，也不像"占田制"那样笼统地以官爵高低为标准，而是按实际拥有的奴婢劳动力的人数来分配。这一公平思想较"计田而税"的只考虑土地等次、地理位置等因素的做法，无疑是历史的进步。但由于按照劳动能力强弱计税没有考虑贫富差距问题，甚至给予地主阶级一些优惠待遇，如地主的奴婢与牛也可以受田，而其纳税标准又低于一般农民。这说明这一阶段

---

① 孙文学、刘佐：《中国赋税思想史》，中国财政经济出版社 2006 年版。

的税收公平思想还没有认识贫富差距过大会阻碍社会发展的重要性。

### 3. 按占有财产数量课税的税收公平思想

我国古代税收公平思想的第三阶段是按照占有财产数量的多少课税。其中最有代表性的是唐朝杨炎的"两税法"思想。两税法明确规定"户无主客，以见居为簿；人无丁中，以贫富为差"，即不分丁男、中男，按贫富也就是拥有土地和财产的多少纳税，鳏寡孤独不济者免征。以每户的财产多寡为纳税标准，远比以年龄、性别为标准"计丁而税"更符合能力负担原则。在封建社会的小农经济时代，财产的主要形态为房屋和土地，按照财产的多少课税，无疑达到了封建皇权下的最高税收公平思想。因此，两税法"唯以资产为宗，不以丁身为本"的计税思想，顺应了唐中期以来我国土地关系的演变趋势。这也是"两税法"能够作为宋、元、明、清的主要田赋制度的关键因素。

但是，杨炎的"两税法"也有自己的弊端，主要在于"两税法"规定各州县应缴纳额按一定总额为标准，层层分摊到每一农户，这等于给地方政府及其税吏以自由摊派的权力。由于中央政府摊派到各州县的总额虽然一定，但各地的人口户数及每户的贫富等级经常变动，这就需要每年调整各户应缴纳的税额。这样一来，统一而明确的税率被破坏，纳税人不知其应纳税额为多少，只好听任税吏说了算。至于各州的税率由此不齐，或将本州税额移到由其他州县负担，以及逃户的税款由他户分担等弊端更是无法避免。

## 2.2.4 中国近现代税收公平思想

### 1. 中国近代税收公平思想

随着鸦片战争后清政府税负的加重，一些学者重新提出了减赋、减租的税收公平思想。太平天国起义从农民战争的需要出发，提出了以平均主义思想为指导的"不要钱粮"的税收公平思想。清政府为镇压太平军而创办了厘金制度后，围绕着厘金的裁撤和改革，出现了"裁厘宽商"的赋税思想。不平等条约签订之后，开始开放通商口岸，关税的地位日益重要，并成为帝国列强垂涎的目标，掠夺关税成为帝国列强控制清政府财政的重要手段。因此，争取关税自主和修改关税条约成为资产阶级改良主义者为的重要主张，一些资产阶级改良主义者提倡"中外税收一律"，不仅在政治上体现了爱国之心，在理论上也体现了税收公平的思想。

鸦片战争爆发后，帝国列强在把资本主义生产方式带到中国的同时，其近代西方资产阶级税收理论也随之在中国广为传播。到了民国时期，中国的税收思想已从以往传统封建思想占统治地位转变为资产阶级税收思想占主导地位，形成了系统的近代税收理论。

周学熙（1912）在其所作的《财政施政方针》中较为系统地提出了税收公平原则。他认为可以通过扩大税收范围、减轻对生产的课征实现税收的"公平负担"，主张将包括田赋、契税、牙税、当税、关税及厘金在内的征税项目扩大到"一般之收入"。在他看来，土地税、家屋税、营业税是对生产事业征税，关税、厘金、当税则是对消费品征税，它们已被欧洲各国认为是落后的税制，因为忽略了无财产但有收入者这一部分税源，这就失去了负担公平的原则。这是中国近代较早地运用公平原则讨论税收问题的见解。周学熙主张学习西方最新的税收思想，将税源由生产、消费扩大到一般收入，并且使税负普及公平，是合理、进步的。

马寅初（1927）通过对当时的税制现行了剖析并提出了"均富"的税收原则。他认为，中国当时的税制太不公平。具体包括：一是地税的不公平。如田与田比之税不公平，即有的有田无税，有的有税而无田；田与地比之税不公平，即农村土地有税，而城市土地无税。二是一般赋税之不公平。即田地出产有限而有税，而资本赢利所得，如公司利润、股票公债利息和高薪俸者无税。三是海关进口税多征于必需品，故多为平民所付。他指出，"上述赋税，大都均为平民所付，富人几可称为无税，故其结果，贫富之负担不均。故余认为，改良间接税即所以减轻平民之赋税，增加遗产税、所得税、公司营业税等，以重富人之赋税。此为均富政策之一。"[①]

民国时期的税收公平思想，基本上是从引进西方税收学开始，并试图运用西方税收理论解决近代税制建立过程中的问题，从而形成了各种

53

───────────

① 杨杨：《税收公平观的历史演进》，载《商业时代》2010 年第 27 期，第 77 页。

观点和政策主张。这对推进社会进步具有积极的作用。但在当时的中国，由于受封建主义、官僚资本主义和帝国主义的压迫，民族资本难于发展，资本主义有关公平税收的制度没有得到应有的发挥。

## 2. 我国现代税收公平思想

我国现代的学者主要是在借鉴西方税收公平理论的基础上进行探讨，主要是围绕"支付能力说"学派以及"最优税"学派的观点进行探讨，而且主要是赞同马斯格雷夫提出的横向公平和纵向公平两个税收原则。陈共（1994）认为，"一般的理解税收公平包括普遍征税和平等征税两个方面。所谓普遍征税，通常指征税遍及税收管辖权之内的所有法人和自然人……所谓平等征税，通常指国家征税的比例或数量与纳税人的负担能力相称。具体的有两个方面的含义：一是纳税能力相同的人同等纳税，即所谓'横向公平'；二是纳税能力不同的人不同等纳税，即所谓'纵向公平'。"[①] 许善达等（1997）指出："税法的公平性原则通常被认为是：在相同条件下的公民、法人和其他组织应被平等地对待，反对在相同条件下的公民、法人及其他组织受到不同的待遇。这一原则同时还意味着不同条件下（如纳税能力）的公民、法人及其他组织应缴纳不同的税收，即应以不同方式对待条件不同之人。"张馨、杨志勇等（2000）指出，"中国税收理论界对于税收公平的含义，是存在着某种混乱的。诸如有些观点认为，税收公平包括普遍征税和平等征税两个方面的内容，平等征税又有两个方面的含义，一是横向公平；二是纵向公平。"[②] 郝如玉等（2002）也认为，"税收公平只是一种相对的公平，它包含两个层次：税负公平、机会均等。所谓税负公平，是指纳税人的税收负担要与其收入相适应。这必须考虑到以下两点：一是具有同样纳税条件的纳税人应当缴纳相同的税额，即横向公平；二是具有不同纳税条件的纳税人应承担不同的税额，即税收的纵向公平。所谓机会均等，是基于竞争的原则，通过税收杠杆的作用，力求改善不平等的竞争环境，鼓励企业在同一起跑线上展开竞争，以达到社会经济有秩序发展

---

① 周全林：《论"三层次"税收公平观与中国税收公平机制重塑》，载《当代财经》2008 年第 12 期，第 38～46 页。

② 张馨、杨志勇等：《当代财政与财政学主流》，东北财经大学出版社 2000 年版，第 507 页。

的目标。"①

杨斌（1991）则认为，"税收公平的含义是多元的，多层次的"。②他认为税收公平包括税收负担的公平、税收的经济公平、税收的社会公平三个层次，并认为应通过税制改革加以实现。林晓（2002）认为税收公平至少应包括分税公平（体制性公平）、定税公平（制度性公平）、征税公平（管理性公平）和用税公平（权益性公平）四个方面的内容。③ 顾海兵（2006）也指出："探讨税收公平，不能就公平论公平……税收公平涉及征税环节、用税环节。"④ 周全林（2008）在评介当代税收公平思想的基础上，对税收公平做了进一步的探讨。他认为"传统的税收公平观存在明显的局限性，主要表现为考察的视野不开阔和涵盖的内容不丰富"⑤ 两个缺陷，他的主张与杨斌的基本一致。

从上述对我国近现代税收公平思想的梳理可知，尽管我国的学者根据我国的具体情况提出了我国的一些税收公平理论，但主要以借鉴西方的税收公平理论的为主。

综上所述，无论是分配正义理论还是税收公平理论都阐述了公平的重要性，其中也包括代际之间公平分配的重要性，这些为本书的具体研究的展开提供了强有力的理论支撑。

---

① 郝如玉等：《税收理论研究》，经济科学出版社 2002 年版，第 86 页。

② 杨斌：《税收公平和税制改革》，经济科学出版社 1999 年版。

③ 林晓：《税收公平的四种体现与重塑我国税收公平机制》，载《税务研究》2002 年第 4 期，第 6~10 页。

④ 卢慧菲：《用税公平：事关民众纳税遵从度》，载《中国税务报》2006 年 4 月 21 日。

⑤ 周全林：《论"三层次"税收公平观与中国税收公平机制重塑》，载《当代财经》2008 年第 12 期，第 38 页。

# 第3章 遗产税促进公平分配的一般分析

## 3.1 遗产税促进公平分配的动因

### 3.1.1 市场分配失灵需要政府矫正

**1. 市场与政府的关系**

市场作为"一个交换系统，具有实现经济繁荣的能力"，[①] 因此，市场经济制度也往往被认为是人类有史以来最有效率的制度，其基本目标是提高经济效率，然而，经济效率的提高并不能自发产生财富分配结果的公平。市场失灵的存在使得政府的调控成为必要，市场这只"看不见的手"和政府这只"看得见的手"要同时发挥作用才可以。因此，世界上没有哪个国家采用绝对的市场经济制度，而是采取以市场运行为主、政府调控为辅的混合经济体制。遗产税作为调节公平分配，尤其是代际公平的政策工具其产生动因也在于市场分配的正义无法实现财富分配结果的正义，这就需要我们必须厘清市场与政府的关系，这也是我们进行税收政策分析的理论前提。

首先，按照新制度经济学理论，作为协调交易主体行为的制度安排，市场机制本身就是要通过一系列制度安排来最大限度地减少不确定

---

① 何建华：《经济正义论》，复旦大学博士论文，2004年，第223页。

性和复杂性带来的交易成本，从而保证市场效率与公平的实现。从根本上讲，市场机制的优越性在于其自发性。这种自发性使供求、价格、资源配置等按照最有效率的原则自动走向均衡。通过市场机制的作用，使各个主体按其能力的大小各得其所，保证效率，优胜劣汰，这本身就是一种公平，即市场公平，又被称为交换正义或者是市场分配的程序正义，然而程序的正义无法保证分配结果的正义。因此，市场无法解决其自身产生的社会不公问题，必须借助非市场机制加以干预。

其次，依据公共选择理论观点，国家是以一种低交易成本制度出现的，该交易成本是指在出现公共产品和外部性时为实现帕累托最优而达成合作协议所必需的成本。通过扩展，俱乐部、地方政府及整个国家联邦制度结构可能是为了最小化集体决策的交易成本而形成的。因此，政府提供公共产品的交易成本较小。公平分配关乎社会全体成员的利益，具有公共产品的特性，市场无法有效提供，只能依赖政府解决。正如约翰·穆勒提出的，"在所谓公共利益中，最主要的是人民的生存。因为任何人对自己的出生都没有责任。所以，为了使现在已生存的所有人都得到充分的物品，即使要那些持有多余物品的人牺牲一些金钱，这也是应该的，不能说是太大的牺牲"。[①]

最后，从市场与政府关系的历史演变看，其演进历程为：重商主义阶段强调政府干预→古典市场经济阶段偏重市场自由→现代市场经济阶段主张政府与市场"两只手"并用。虽然新古典主义复兴后，认为政府的功能应弱化，但是在现实中，没有哪一个国家的政府削弱自己的职能。

可见，在当代市场经济体制下，政府干预是必须的，也是必然的，市场机制与政府干预不是"水火不容"，而是相互依存、相互促进的。同样，市场分配造成的贫富差距问题同样需要政府加以干预，促进合理、公正、共享的收入分配制度的构建，真正让全体国民合理分享到国家发展的成果，尽快形成一个稳定、合理的橄榄形社会结构，最终达到经济社会可持续发展的目的。

## 2. 财富分配及其运行机制

众所周知，所谓分配是指对利益关系的调节，正如马克思指出的，

---

① 约翰·穆勒：《政治经济学原理》，上卷，商务印书馆 1991 年版。

"人们奋斗所争取的一切，都同他们的经济利益有关"，① 利益关系是人类社会最基本、最普遍的关系，而分配则是决定人们利益实现及实现程度的关键所在。就分配的对象而言，包括经济资源、政治资源和文化资源，本书讨论的分配对象仅限于经济资源，主要是收入和财富的分配，收入和财富在本质上是一致的，只不过收入是经济资源的流量概念，而财富是经济资源的存量概念而已，两者是可以相互转化的。现代市场经济条件下的财富分配包括财富的初始分配（又称为原分配）、市场分配（初次分配）、政府分配（再分配或第二次分配）和社会分配（第三次分配），后三次分配是以原分配为基础并对其产生影响，② 原分配、市场分配、政府分配和社会分配四者间关系如图 3-1 所示。

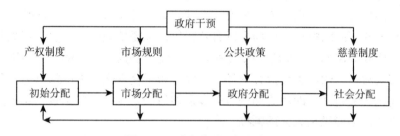

**图 3-1　财富分配运行机制图**

由图 3-1 可知，产权制度决定了要素提供者进入市场前财富分配的初始状分配，即原分配；要素提供者进入市场后，按照公平自由的市场规则提供资源并取得相应收入，从而形成财富的初次分配。拉姆塞认为，"初次分配是指不同财富源泉的所有者之间所进行的分配"，③ 也就是在市场机制条件下将国民收入分解为工资、利息、利润和地租等生产要素报酬的过程；由于市场分配是按照生产要素进行分配，而要素提供者由于自身禀赋及持有资源和机遇的不同往往在市场上产生"富者越富、穷者越穷"的马太效应，需要政府通过公共政策的制定加以矫正，这就是俗称的第二次分配，又叫再分配；经过政府再分配后，一些人会通过无偿赠与等慈善形式救济贫困，从而形成了以慈善捐赠为主要形

---

① 《马克思恩格斯全集》，人民出版社 1995 年版，第 82 页。
② 汪行福：《分配正义与社会保障》，上海财经出版社 2003 年版，第 82 页。
③ 乔治·拉姆塞著，李任初译：《论财富的分配》，商务印书馆 1984 年版，第 51 页。

式的第三次分配。从四者的关系看，初次分配、再分配和第三次分配的结果最终又会重新影响原分配，从而形成一个循环分配运行机制，并且各个分配环节相互影响，一个环节出了问题，除非下一个环节能够加以矫正，否则，问题会进一步恶化，从而形成了分配的叠加效应和累积效应。[①]

从四种分配形式的决定因素看，除了直接可以通过税收政策影响再分配外，政府同样深刻影响着产权制度、市场规则和慈善制度的合理与否，尤其是在我国市场经济体制尚需完善的情况，政府更是影响分配的关键因素，是促进社会公平正义的主导力量。而且，在进行具体分析时，为避免陷入"鸡生蛋、蛋生鸡"的定义泥潭，我们往往假定原分配是公平合理的，在本书的分析中也不例外。因此，本书所指的分配是指初次分配、再分配和社会分配，其中，社会分配主要是作为市场分配和政府分配的有益补充而存在着，但不是我们分析的重点，我们分析的重点仍然是市场分配和政府分配，即通常意义上的效率和公平问题，但由于遗产税会影响慈善捐赠，因此，社会分配作为促进结果正义的一种分配形式，其公平效应也不容忽略。

### 3. 分配正义及其运行机制

正义作为人类所有社会主体和社会制度崇尚和追求的基本价值目标，是一个具体的、历史的范畴。正义的原意为"人的品质"，[②] 后来被扩展到政治、经济、文化等多个领域。无论正义被赋予多少含义，其内涵首先是一个分配范畴。古今中外的学者对正义的界定主要是围绕着分配问题展开的。古罗马思想家西塞罗率先提出"正义是使每个人获得其应得的东西的人类精神意向"。古罗马著名法学家乌尔比安给出的定义是"正义乃是使每个人获得其应得的东西的永恒不变的意志。"正义表达了人与人之间利益关系的合理化，反映了应得与所得之间符合一致的行为和制度的规范理想。由于正义的提出源于利益分配关系，因此，正义的基本要求首先就是经济领域的正义，即经济正义。

---

① 高凤勤：《基于分配正义的个人所得税研究》，载《地方财政研究》2009 年第 6 期，第 20～21 页。

② 亚里士多德认为正义是指人的品质，"我们看到，所谓公正，一切人都认为是一种由之而作出公正的事情来的品质，由于这种品质，人们行为公正和想要做公正的事情。"

经济正义和一般正义的区别是，经济正义突出了人的经济行为需要选择理想的体制性目标和规范，社会经济关系及其矛盾冲突需要平衡和解决。它是指"有关人们应得的观念和按照这一观念来组织经济活动，分配经济权利与义务以及安排具体财货的制度，也就是如何组织经济生产和分配的规范"。①

亚里士多德最早将经济正义分为交换正义和分配正义两个部分。交换正义是指市场主体在不受外力的干扰下，平等自由地通过交换获得其应得的东西，但交换正义不能保证交换前和交换后的公平性。因此，从根本意义上说，交换正义是中立于初始资源配置和市场分配结果的程序性正义。分配正义则是对交换正义的认识和纠偏，旨在消除其不能解决的原分配和市场分配引发的贫富差距。

由于市场产生的分配不公无法通过自发演进解决，单纯依赖交换正义的作用无法消除财富分配的过分悬殊和社会成员的两极分化。分配正义的责任就是要弥补交换正义的失灵，通过税收等分配手段对市场分配形成的收入差距进行调节，提高社会的整体福利水平，促进经济正义的实现。但是从财富分配的整个过程看，交换正义的实质是初次分配公平，可称之为市场分配正义，以此类推，分配正义还包括市政府分配和社会分配下的结果正义，这也是广义的分配正义概念，也是本书的分析就是采用广义分配正义概念，如图 3-2 所示。

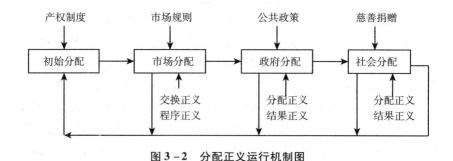

**图 3-2　分配正义运行机制图**

由图 3-2 可知，原分配决定了分配起点的公平性，起点公平在公平分配中发挥着基础性作用，起点的不公往往被认为是最大的不公，如

---

① 汪行福：《经济正义概念及其演变》，载《江苏社会科学》2000 年第 6 期。

我国城乡居民之间的收入差距，近年来出现的"富二代"和"穷二代"现象引发的代际公平分配问题等都显示了初始分配在公平分配中的重要性，但由于初始分配是其他三种分配结果的累积，"富二代"这种阶层利益固化的现象应主要借助于市场、政府和社会的力量加以解决。在作为资源配置的主体，市场分配的公平性主要体现为"机会公平"和"规则公平"，而不是"结果公平"，这就意味着市场由于要素提供者的出身、自身禀赋、受教育程度、机遇等方面的不同，市场分配往往出现"富者愈富、穷者愈穷"的马太效应，从而需要政府加以干预，即使非政府行为的社会慈善捐赠也需要政府相关政策的激励与支持，尤其是对贫富差距问题日渐严峻的中国来说更是如此。就政府调节分配的政策而言，包括中国在内的世界各国主要是采用税收政策和转移支付，但由于转移支付的作用空间局限于再分配领域，只能"济低不能限高"，而且转移支付的资金也要来源于税收，因此，税收可以对初次分配、再分配和第三次分配都可以发挥调控作用，并最终影响了初始分配，从而促进了起点公平、过程公平和结果公平，因此，税收成为当今世界各国政府调控分配的主要政策工具。

61

　　综上所述，财富公平分配的过程也是实现财富分配正义的过程，这种分配过程不仅意味着分配结果的公平，也包含着分配起点和过程的公平。在这个过程中，社会分配是政府分配的有益补充，但不能替代政府分配，因此，很多学者在研究分配问题时往往只研究市场分配和政府分配。本书所指的公平分配不仅包括政府分配，也包括市场分配、社会分配，也就是说公平分配是市场效率和社会公平的综合体，市场效率的实质是市场交换的公平，从正义的角度讲效率也是公平的一种体现形式。因此，基于分配正义的视角，财富公平分配是指财富分配正义的实现，其中，交换正义依赖市场机制完成，而结果正义要借助于政府和社会完成，其最终目的是降低人们初始分配的财富差距，促进各个生产要素拥有者迸发创造活力并防止社会阶层利益固化，最终实现社会稳定和健康发展的目的。

## 3.1.2　税收是政府调控财富分配的有力工具

　　一方面从分配正义的运行机制看，税收能够直接或间接地调控市场分配、政府分配、社会分配，并最终影响原分配。

首先，就税收的市场分配效应而言，主要是通过增值税、消费税等间接税影响市场价格，产生收入效应和替代效应，调节消费者、厂商、投资者、劳动者等市场主体的行为，从而影响要素提供者的资源配置行为，进而影响经济资源在企业、政府和个人之间的分配。但是，为了避免扭曲市场，间接税的设计往往追求中性原则，尽量减少额外损失，因此，间接税设计的目标是效率而不是公平，实现的是交换正义，正如党的十八大报告指出的，让劳动、资本、技术等各个要素迸发活力也反映了初次分配的问题，我国目前的初次分配同样存在分配不公问题，如增值税的逆向调节问题，而其间接税最终往往会转嫁给消费者负担，消费的不公平也是目前再分配研究的重要命题之一。

其次，市场分配失灵需要政府通过个人所得税、房产税、遗产税等直接税加以矫正，而再分配同样会产生收入效应和替代效应，反作用于市场，影响劳动供给、消费、投资、储蓄等经济行为，与初次分配不同的是，再分配税收政策的制定应以公平为目标，如我国多次提高个人所得税费用扣除标准的目的就是促进分配正义，实现结果公平。

再次，就税收的社会分配效应而言，税收主要是通过减免税设计激励纳税人进行慈善捐赠，其主要做法是通过所得税、财产税、流转税等释放激励信号，促进财富从高收入者流向低收入者，从而促进财富分配公平。

最后，税收通过对市场分配、政府分配和社会分配的影响，最终影响了原分配，从而促进分配正义，如图3-3所示。

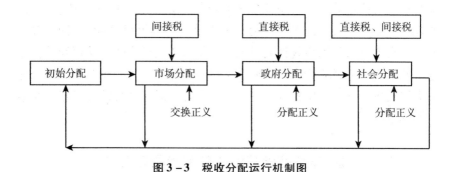

**图3-3 税收分配运行机制图**

另一方面，从税收的调控对象看，税收政策能够调控到个人、企业、政府之间的分配关系，并能够深入到社会经济中的各个主体，对经济、社会、政治、文化等各个层面产生影响。

首先，就税收的经济影响而言，在开放经济状态下，税收不仅影响本国的财富分配，还会产生财富跨国分配问题，这一点可以从 GDP 的核算一览无遗。我们知道投资、消费、进出口是影响经济增长的"三驾马车"，不仅对微观经济产生影响，还会对宏观经济产生影响，而且加上税收是政府融资的主要手段，其规模的大小直接影响了政府和居民之间的资源分配，政府一旦汲取量过大而又不能较好地进行财政支出和管理的话，同样会严重影响公平分配问题，这也是其他分配政策无法比拟的。

其次，就税收的社会影响而言，税收是对经济利益关系的调节，这种调节会通过社会宣传、心理预期等传导机制影响居民的社会行为，贫富差距过大或两极分化会产生一系列的社会问题，拉美化的中等收入陷阱就给我们敲了警钟，实证研究表明，"随着贫富差距的拉大，各种形式的违法犯罪活动特别是侵财性犯罪大量增加。高度重视贫富分化问题，采取措施逐步缩小贫富差距，并培育容忍合理差距的社会文化，是最大限度地减少违法犯罪活动，促进和谐社会建设的重大理论和现实课题"。[①]

再次，就税收的政治影响而言，税收不仅仅是一个经济问题更是政治问题。从历史的视角去审视各个国家的政权更迭，我们会发现每次政权的更迭基本上都与税收相关，每次大革命几乎都与税收息息相关，如法国大革命、英国查理一世上断头台，等等，即使在政府稳定的状态下，新政府的上任往往也需要从税收的角度考虑选票的问题，如撒切尔夫人的下台就与其税收政策有关。因此，税收不仅仅是一个经济问题，同时也是一个政治问题。就政治影响而言，转移支付政策显然与税收政策不可同日而语。

最后，税收公平分配效应的发挥必须借助市场和政府的良性互动，这就意味着税收在发挥政府分配力量的同时，不能忽视其对市场分配产生的影响。

---

① 胡联合、胡鞍、徐绍刚：《贫富差距对违法犯罪活动影响的实证分析》，载《管理世界》2005 年第 6 期，第 34～46 页。

### 3.1.3　公平分配是遗产税的内在要求

首先，遗产税作为一种社会制度，其首要价值就是社会正义。罗尔斯在其鸿篇巨著《正义论》中指出正义是社会制度的首要价值。新制度经济学派的代表道格拉斯·诺斯也申明了分配正义对制度的重要性，认为每一个人意识形态的一个固有部分乃是关于制度的公平和公正的评判，对财富分配的"恰当"是任何一个意识形态的一个重要组成部分。党的十六届六中全会提出了制度是社会公平正义的根本保证，可以说，分配正义和社会制度是密不可分的。社会制度必须从公平正义的角度出发安排设计，只有体现一定公平正义价值标准的具体制度才能有效保障一定公平正义的实现。因此，遗产税作为一种调节财富分配的经济制度其本身就体现了分配正义的内在要求。

其次，遗产税的原则体现了社会正义。早在 17 世纪，古典经济学家威廉·配第就提出了税收公平原则。18 世纪的尤斯第提出纳税必须公平与平等。亚当·斯密更是将公平作为税收四原则之首。瓦格纳在"四项九端"原则中提出了社会正义原则。当代财政学家马斯格雷夫也指出税负应该公平分配。现代税收制度的原则除公平原则外，还包含效率等其他原则，但公平和效率是现代税收价值链的核心环节。所谓效率是指用最小的费用获得最大的税收收入，并尽量减少对市场分配的扭曲，它是市场分配正义的再现。税收效率原则承认市场分配过程中的收入差异性，并尽量地减少对这种差异性的扭曲以促进资源配置的优化和保持纳税人创造的积极性。公平原则是指在政府征税的过程中，同等纳税能力的人交纳同样的税，不同纳税能力的人交纳不同的税，又被称为税收的横向公平和纵向公平。横向公平体现了税收的形式正义，而纵向公平则体现了税收的结果正义，即税收对市场分配产生的收入和财富差距如何调节才是公平的。

再次，遗产税的目标定位体现了分配正义。从遗产税的演进历程看，尽管遗产税产生于战争筹款的财政需要，但随着商品经济的发展，贫富差距的拉大，西方税收从最初的财政目标转向了社会正义。马克思指出，"在税收方面，比较符合我们观点的，是实行累进所得税，就是说，税率随着收入总额的增加而增加。因为一个年收入 1 万英镑的人拿出 5 万便士，要比年收入 100 英镑的人拿出 500 便士容易些"。列宁也有同样的表达，"收入愈多，税就愈重。收入最少的完全用不着缴税。最有钱的富人应该缴最多的税。这种所得税，或更正确些说，累进所得税要比间接税公道得多"。

最后，从遗产税的政策实践看，遗产税的缴纳群体主要集中在高收入人群，充分体现了遗产税的再分配性，最后统一到经济社会和谐发展这个终极目标上来，图 3 - 4 显示了遗产税调控作用的逻辑。

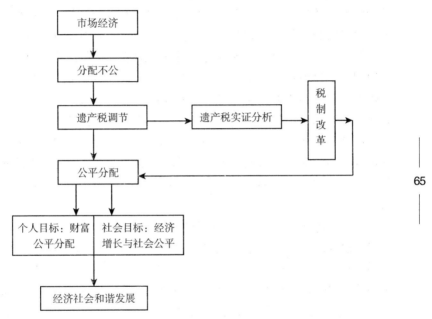

**图 3 - 4　市场经济条件下遗产税调节分配的逻辑图**

### 3.1.4　转型期内遗产税的公平分配作用逐渐凸显

第一，从政府职能的转变看，政府宏观调控能力的加强为遗产税促进财富公平分配提供了可能。在过去的计划经济体制下，政府致力于投资和经营，国有经济和集体经济占绝对统治地位，初次分配作用强大，税收职能被弱化。在向市场经济转型后，政府逐步从投资经营中摆脱出来，其精力主要集中在宏观调控上。尤其是党的十八届三中全会将市场定位于资源配置的主体后，税收对财富分配的调节作用日益增强，客观上为遗产税调节公平分配目标的实现提供了可能。

第二，从政府和市场的关系看，财富分配结果正义主要靠政府实现。我们知道，市场机制强调的是竞争和效率，但是无法自动实现分配公平，尤其是再分配公平更难以实现，社会公平的实现主要依赖政府的宏观调控。目前，我国社会财富分配不公问题严峻，财产的代际转移日趋显化，它对财产分布不公的贡献率在未来的一段时间内会呈上升趋势，[①] 而现行的个人所得税调控的主要是流量分配而且效果差强人意，房产税尽管在保有环节进行了试点，但是从目前重庆和上海的试点看基本上没有收到预期的政策效果，在我国现行直接税调控乏力的情况下，遗产税作为调解居民财富分配的重要政策工具，其公平分配的作用理应加强。

第三，从财富分配的现状看，财富分配不公是强化遗产税调控的重要原因。从目前各个转型国家发展看，民营经济的发展壮大是造成贫富差距的一个重要原因，这在客观上要求税收政策要充分发挥公平分配的有效性，缓解财富分配不公带来的不利于社会发展和经济增长的双重压力。此外，一些带有"原罪"色彩的财富加剧了收入分配上的不公平。处理这个问题除了打击经济犯罪、没收非法所得之外，还需要通过完善税收制度，充分发挥税收政策的调节作用，最大程度地减少其负面影响。

第四，遗产税促进财富公平分配的有效性在国际上得到了验证。由于遗产税可以通过价格机制、心理暗示等传导机制能够直接影响到了纳税人的切身利益，尤其是能够调节代际公平分配不公问题。同时，遗产税通过一系列制度要素安排，能形成一个较为完整的调控制度体系，尽管不同种类的遗产税的调控作用有所不同，但在遗产税总目标的协调下，能够实现对居民财富分配的调节。因此，从我国现阶段国情出发，通过遗产税政策促进公平分配是政府主导下的市场化进程中的一个重要方面。

第五，从发展的视角看，遗产税调节财富分配是现阶段发展的必然要求。在计划经济体制下，税收主要体现为收入在政府不同部门之间的转移，由于税收的作用面窄，人们普遍缺乏对税收作用的认识和理解，税收政策在经济运行中的作用也被边缘化。市场经济体制确立后，税收政策被弱化的弊端逐渐显现，如中央与地方的财政分权问题，此时的税

---

① 禹奎：《我国开征遗产税的现实意义分析》，载《涉外税务》2010 年第 10 期，第 28～33 页。

制已不能适应转型期发展的需要。为此，1994 年我国进行的分税制改革以事权确定财权的形式解决了中央与地方的财政分权问题，这是制度变迁的典型体现。分税制改革在促进经济增长等方面发挥了重要的作用，由于以流转税为主体的税制结构在公平分配方面有所欠缺，个人所得税政策尽管能够发挥一定的调节作用，但由于我国目前居民的贫富差距主要体现为财产性收入差距，而且主要以家庭之间的差距为主，"富二代"问题引发的阶层利益固化问题越发引起人们的关注，并逐步成为影响社会稳定的不安定因素，现行的税收政策已不能适应社会发展的要求，从而加大了税收制度变迁的压力。遗产税在公平分配方面的作用逐步受到社会各界的重视，主张开征遗产税的专家学者逐渐增多，党和政府也明确提出了要研究遗产税问题。

## 3.2 遗产税促进公平分配的原则要求

从目前各国遗产税政策的运行状况看，影响遗产税政策调控效果的是各国对其公平和效率的考量，一些国家基于市场效率考虑取消了遗产税，这也是我国尚未开征遗产税的主要原因之一。公平与效率作为人类社会发展的两大动力机制始终贯穿于人类社会发展的全过程。公平与效率问题归根结底是分配正义问题，遗产税政策的制定和实施在促进财富分配结果正义的同时，不应妨碍市场的交换正义的实现，否则会造成新的不公平。

### 3.2.1 税收公平原则

**1. 公平原则的基本内涵**

（1）公平的含义。一般来说，公平是指从某种道德规范出发，对经济社会关系作出的一种主观评价，它实质上是某种经济社会关系的观念表现。[1]

---

[1] 唐召云：《社会公平基本特征及其实现途径》，载《贵州工业大学学报（社会科学版）》2008 年第 10 卷第 3 期，第 1 页。

市场经济条件下的公平应主要包括以下三个方面的内容：一是机会公平。首先，人们在追求生存、自由、平等的基础上，有公平的机会选择和从事不同的经济活动；其次，在经济活动中有公平的机会按其贡献获得相应的报酬；最后，有公平的机会消费社会产品、积累私人财富和获得经济成就。二是过程公平。也就是指政府制定的各种收入分配政策、制度和法规对于每个人来说都是平等的，不存在对某些人的优惠、照顾或庇护，同样也不存在对某些人的限制和歧视。三是结果公平。即每个社会成员都能获得与其提供的劳动或生产要素相当的收入。

从社会的角度看，公平应保证每一位社会成员都能得到社会的尊重，过上体面的生活。这就意味着，贫富差距不能过大，社会弱势群体能够获得与社会发展状态相适应的保障水平和生存发展能力。这也充分体现了党的以人为本、执政为民的执政理念。

（2）公平的基本特征。首先，公平具有以人为本的特性。社会科学研究的是以人为本，如果脱离这个基础，研究就会成为无本之木、无源之水，毫无意义可言。公平是社会科学研究的价值核心，对于公平的评判也是基于人的感受作出的，因此，以人为本是公平研究的最基础特征。其次，公平具有社会认同性。从公平的定义来看，只有为大多数社会成员所接受的公平观才是传统意义上的公平，从这个层面看，公平必须具有社会认同性，这个特征能够保证公平成为社会价值核心。最后，公平具有复杂性。尽管不同学者对公平的一般含义不会产生较大的歧义，但对于不同研究领域、不同国家或者不同历史时期来说，其公平的具体含义是存在一定的差别。如在我国市场经济体制刚刚确立时，我们更多的是强调再分配公平，随着居民收入差距的不断拉大，我们不仅要注重再分配公平，也要注重初次分配公平。

正是基于公平上述特性，使得对公平的界定变的复杂化，直接表现在定义表述的多样性和政策制定的复杂性上。不可否认，社会环境的改变，使得公平目标随之改变，因此，从历史的视角来说，公平具有变动性，而且公平目标的实现程度依赖于社会群体对公平的追求力度和政府政策调节的有效性。历史上公平的变动往往是由于民众感到极不公平，采取群体行动，提出新的公平诉求，迫使政府改变政策，或者改变政府。这也验证一个观点，即如果不能解决公平分配问题会影响一个国家的长治久安。

**2. 税收的公平原则**

税收在国家有机体中发挥着重要作用，而作为规范税收参与者行为的税收政策，更具目的性。纳税人缴纳税款后，政府利用税收收入为社会提供相应的公共产品以及矫正外部性等，从而解决市场失灵问题。在这个过程中，税收政策通过一系列制度设计来发挥公平分配的作用。但由于社会成员之间的收入存在千差万别，其享受到的公共产品也不尽相同，如何设计税制才能实现纳税人之间的公平？政府在选择税收政策工具时怎样体现公平原则？针对这些问题中外学者进行了大量的研究与探讨。

一是"受益原则说"，即每个纳税人根据其从公共产品中的受益多少来决定纳税的多少。一般来说，谁受益谁纳税，多受益多纳税。人们向政府缴纳了税收，同时也享受了政府提供的公共产品，诸如国防、公共安全、教育、交通设施等，也就是说，税收与公共产品之间存在着一种交换关系，税收被看作是购买公共产品的价格。

"受益原则说"从表面看既严密又合理，但涉及具体税制安排时，对公共产品定价和征税变得十分复杂。"受益原则说"仅适用于缴纳的税收直接对应某一公共产品的情况，可是在市场经济条件下，人们缴纳的税收并不必然与某一公共产品直接对应。由于该原则在无法解决受益衡量、人际比较以及初始收入是否公平等方面的问题，使其不具备实践可操作性。在这些问题的困扰下，"纳税能力说"应运而生。

二是"纳税能力说"，更能体现税收政策设计时的普适性规则，税收政策不是为某个人或某个利益集团设计的，而是为全体社会成员设计的，"纳税能力说"体现的就是这种公平原则。一方面，每个纳税人依靠自己的能力纳税，即能力相同的人缴纳相同的税收，我们称之为横向公平；能力不同的人缴纳不同的税收，能力高的多纳税，能力低的少纳税，我们称之为纵向公平。相较于"受益原则说"，"纳税能力说"是明显的进步。另一方面，"纳税能力说"也存有局限性。不管是横向公平还是纵向公平，都需要对纳税人的纳税能力进行判断，但在现实约束下，由于纳税能力的高低是私人信息，而信息不对称又严重存在，政府并不能准确掌握私人信息，这就给税收政策设计带来困难。例如，面临电子商务的迅猛发展，如何对电子商务进行税收调控是一个世界难题，其挑战就在于信息的不透明，使得政府无法掌握电商的信息而导致税收政策滞后。

因此，不存在纳税上的绝对公平，理想模型中的公平状态在现实条件下可能永远也达不到，我们所追求的只能是一种次优的相对公平状态。虽然"受益原则说"和"纳税能力说"对公平的理解不尽相同，但对公平的诉求是相同的。其实，如果深入思考这两个学说的内涵，我们发现其具有统一性，因为在一般意义上，受益程度越大其纳税能力相对较强，反之亦然。相对于受益来说，纳税能力只是更容易被观察到，更易于进行征税而已。另外，纳税能力较强者其从公共产品中的受益一般来说也更大，或者说其对公共产品的需求更为强烈。

纳税公平反映了征税的合理性问题。这种合理性是市场经济体制的客观要求。市场经济中每一个社会成员都具有同等的权利和机会来参与市场竞争，即使竞争的结果由于个人之间在智力、体力、偏好上的差异而导致分配上的差异，那么也被认为是公平的。因此，这就要求税收政策不能妨碍市场条件下的公平竞争，要努力保持税收的中性。而且如果不存在平等竞争的环境，税收制度还应该在力所能及的范围内形成一种机制，为平等竞争扫除制度障碍。可见，税收公平同样强调市场机制的作用，税收制度应维护这种机制的正常运行，而不是干扰或者打乱其运行。

### 3. 税收调节与社会公平

通过上面的讨论不难看到，税收公平原则是指税收政策自身的公平问题，是如何实现公平收税的问题。税收制度公平与社会公平并没有必然的联系，有些税种可能对社会公平起着累退作用，但对税收制度而言，却未必不是公平的。如增值税本身具有累退性，影响社会公平的实现，但对于税收政策来说，增值税又是具有税收中性特征的税种，对于生产者和消费者行为扭曲较小。尽管税收制度公平与社会公平并不在同一个层次上，但作为政府宏观调控工具，税收政策必须把实现社会公平纳入其目标体系中。也就是说，从单个税种或者税率看，或许不能保证实现社会公平，但从整个税收政策体系看，应保证和促进社会公平。

## 3.2.2 税收效率原则

### 1. 效率的一般意义

从一般意义上讲，效率有狭义和广义之分，一是没有价值判断的纯"理性人"和纯市场的定义，是狭义的定义；二是含价值判断的，是广义定义。

狭义的效率是一种基于市场的经济效率，是纯"理性人"的效率，它单纯以个人的成本—收益比较作为判断依据，往往置他人利益或者社会公益于不顾。在自由主义的纯粹市场效率下，生产、分配、交换和消费都是由市场来决定的，都必须遵循所谓的"看不见的手"规则，按照市场机制自动、稳定地运行。也就是自由进入市场、自由参与竞争、自由选择生产、自由承担市场责任，只有这样的市场和市场经济才是有效率的，也往往被看作符合交换正义的。但是，在市场分配正义框架下进行的资源配置会产生产品过剩、通货膨胀、大量失业以及贫富悬殊和两极分化。因此，市场分配正义下的效率并不是真正意义上的效率。

广义的效率是一种基于社会整体利益的社会效率，它是包括经济价值、社会价值以及道德价值等综合性价值判断的效率。这必然要求效率不能仅仅停留在社会生产的资源投入与产品产出的高效率上，而且还要充分考虑由市场分配、政府调控和道德调节在内的经济增长、环境保护、生态平衡、资源节约、充分就业、物价稳定、低通货膨胀以及和谐的群体关系、良好社会秩序等方面。可以说，广义效率蕴含了分配正义的全部。从这一点看，效率与公平的内涵是一致的。

### 2. 效率与分配的关系

交换正义下的市场效率是社会发展的客观要求和重要目标，但它不是唯一目标。狭义的效率增长未必能够带来公平分配的改善，市场和市场过程可能带来分配的恶化，如财富过分集中和贫困化；而分配的恶化危害了社会的稳定，最终反作用于经济效率本身。因此，狭义的效率本身是片面和不完整的，必须和社会效率结合起来。

布坎南曾指出，在所讨论的效率原则中，帕累托佳度原则和帕累托

71

优度原则似乎提供了一种体系的效率之最具有综合性的方法，因为它们使用的社会状态概念所具有的内涵，足以把生产资源的配置方式、生产的组织方式以及消费品的分配以及这些因素影响着人们处境改善的程度等都考虑进来。

### 3. 税收的效率原则

从通常意义上讲，税收效率是指如何有效地筹集收入的问题，并且不妨碍经济的政策运行。政府要筹集税收收入，必然要付出一定的成本，如何实现成本最小而收入最大成为政府最关注的问题。这就要求税收制度设计要符合效率原则，否则，将会加大筹集收入的成本。一般来说，税收效率原则包括以下三个方面：

一是税收的行政效率，这是指课税产生的效率，包括纳税人和征税人所发生的费用支出。征税费用较为明显，可以方便地计算得到，纳税人的遵从费用则很难精确得到，因为它包含了较多的诸如时间、算计等不可计量的花费。因此，一般在计算行政效率时，主要以征税费为主。

二是税收的经济效率，主要指的是课税间接产生的效率。税收的资源配置效率可以使用税收超额负担衡量，高效率的资源配置必然是超额负担最小的税制，这里隐含着一个前提就是课税必然影响资源配置，破坏帕累托最优。税收中性思想认为，政府征税行为对纳税人的影响应该只限于税收的支付，要防止因为征税而产生的超额负担，以及扭曲纳税人行为和由此而造成的社会福利损失。税收中性思想反映了一种朴素的税收效率观，即税收不应该破坏资源有效配置的一系列帕累托效率条件。但事实说明，税收中性原则只能是理想状态。必须承认税收必然会对资源配置产生影响，会扭曲纳税人行为，会引起效率损失。

三是税收的分配效率，它指的是税收作为一种分配手段，对经济运行中的各利益主体所产生的影响。税收分配效率应该把税收政策能否促进社会公平的实现作为衡量标准。调节居民收入分配，缩小贫富差距，保持社会和谐是税收政策的一个重要职能，因此，税收的分配效率反映着税收政策的内在要求。

在完善的市场经济体制下，课税或许产生较大的扭曲性影响，但当经济体制存在一些缺陷或者处于失调时，如果税收能够校正失调或者弥补缺陷，此时税收不仅筹集了足够的收入，而且还会有利于资源合理配置，实现国家职能，提高经济效率，这本身就是一种宏观效率增进的表现。

既然现实存在的税收制度无法实现理想状态下的税收中性，那么，通过税收制度设计、完善则可以有效地降低超额负担的产生，减少社会福利损失。诚如杨斌、任学群（1993）所指出的，"国家的存在，税收的存在，不可避免地要作用于经济过程，脱离这个过程而谈税收中性是空泛的、没有意义的。既然税收的作用是客观存在的，国家与其放任不管，不如合理加以运用，并作为一种宏观调控的手段来引导经济发展，促进生产力水平的提高。"这为税制改革提供了理论依据，即通过制度创新可以提高现行税收制度的效率。

遗产税作为税收制度的一个组成部分，同样要符合公平和效率的要求，这也是分配正义的真实体现。

## 3.2.3 公平与效率的协调

促进社会公平与推动社会经济效率是税收政策的两个主要社会目标，两者间的关系应该是相辅相成的，其最终目的都是要促进社会经济的健康持续发展。

**1. 税收政策促进公平分配是研究公平与效率两者关系的切入点**

协调公平与效率两者之间的关系一直是中外学者研究的热点问题，不同时期不同国家的学者都对公平与效率给予了较大的关注。在市场经济条件下，通过价格等市场机制资源配置尽管被认为是最有效率的经济制度，但是产生的结果往往由于参与者自身的禀赋、受教育程度、家庭出身、机遇等各方面的差异而产生收入分配差距，产生社会不公。例如，增值税本身具有累退性，在收入分配方面具有逆向调节作用，影响社会公平的实现，但对于整个税收政策体系来说，增值税又是具有税收中性特征的税种，对生产者和消费者行为的扭曲较小。尽管税收公平与社会公平并不在同一个层次上，但作为政府宏观调控工具，税收政策必须把实现社会公平纳入自己的设计目标体系。

税收政策必须满足特定的条件，如普遍征收和平等课税。普遍征收应该使税收管辖权内的所有纳税人都要按照税收法律的规定履行纳税义务，但不排除依据法律享受税收优惠的权利；平等征收则是依据纳税能力，实行横向公平和纵向公平。此外，税收制度还应该充分调动纳税人的积极性，努力营造一个有利于公平竞争的社会氛围。

众所周知，公平与效率始终贯穿于整个社会经济生活中，而我们又无法将方方面面的影响都纳入其中，进行"大而全"的考察，只有找到一个合适的切入点，才能对公平与效率的关系进行深入探讨。财富公平分配问题不仅对公平有强烈的诉求，而且对效率也产生极大的影响。因此，研究税收政策如何调节居民收入分配问题可以从一个制度层面上说明公平与效率是如何统一的。

### 2. 公平与效率是相辅相成的

经济学和社会学中关于公平与效率的争论由来已久，不少学者认为，公平与效率是一对基础性矛盾，公平目标的取得必然要以牺牲效率为代价，而效率目标的收获也必然要牺牲公平，两者无法兼得。有的学者提出了"公平效率替代说"，按照该学说，公平与效率存在着等量的此消彼长关系，要想增加多少效率就得牺牲多少公平，反之，要想增加多少公平，也必须牺牲多少效率。也就是说如果可以把公平与效率都定量的话，一边减少的，就是另一边增加的。张维迎则提出了效率与公平是一致的观点。他认为，公平可以理解为"机会均等"，也可以理解为"结果均等"。如果是机会均等，公平与效率并没有矛盾，因为只有机会均等的自由经济才能达到资源的最优配置，"效率第一，兼顾公平"的更准确表述应该是"机会均等第一，兼顾结果均等"。

当代的绝大多数学者认为，公平与效率就像是一个硬币的两面，虽然是对立的，但又统一于同一个事物，而且如果两面中的一面消失了，那么整个硬币也就成了"残币"，失去了其作为一般等价物流通使用的功能。

公平与效率存在对立一面的同时，也有着互为条件，相互依存、相互影响、相互制约、相互促进的统一关系。一方面，有效率才有公平，没有效率，公平就失去了物质基础，没有效率就不可能有真正的公平，公平离不开效率。另一方面，公平是提高效率的条件，没有公平也谈不上效率。首先，社会成员的收入与其要素贡献相对称，贡献越多收入越多，这既是公平，也是效率，而且会进一步促进效率提高；其次，社会成员获得财富的机会、手段和规则平等，能够保证人们在付出同等努力的条件下获得同样的回报，从而激励社会成员充分发挥自己的积极性、主动性和创造性，也同样有利于效率的提高。

公平与效率都是我们追求的目标，其最终的落脚点是为了提高社会福利水平，只不过在不同时期、不同条件下，公平与效率的对比关系存在一定的差别。这就意味着绝对的公平和效率是不存在的，只能在现实条件的约束下，选择一定公平与效率的组合，平衡两者之间的对比关系，使之和谐共生，以此促进经济发展和社会进步。因此，税收政策的合理安排要兼顾效率与公平，但在一定的历史阶段可能会出现偏重一方的情况。

### 3. 公平与效率的逐步统一

新中国建立后，尤其是改革开放以来，我们对于公平与效率的认识经历了一个逐步深化的过程，从计划经济时期的平均主义到改革开放后的效率优先，再到目前的再分配要公平和初次分配也要注重公平这一个过程，体现了在我国经济社会发展的过程中公平与效率的逐步统一。

在计划经济时期，我国发展经济的指导思想是马克思提出的共产主义产品分配模式，该理论认为私有制是造成收入和财富分配不平等的根源，所以社会主义就是要消灭私有制，建立公有制，并且直接由国家组织生产、进行产品分配，无须税收政策调节。这种分配上的平均主义尽管有利于公平分配，但过于注重公平势必导致低效，导致经济发展滞后。

改革开放后，为了促进经济的快速增长，我国在很长的一段时间内都坚持了"效率优先、兼顾公平"的发展思路。党的十三大明确提出，"我们的分配政策，既要有利于善于经营的企业和诚实劳动的个人先富起来，合理拉开收入差距，又要防止贫富悬殊，坚持共同富裕的方向，在促进效率提高的前提下体现社会公平"。市场经济体制确立后，党的十四大报告指出，"在分配制度上，以按劳分配为主体，其他分配方式为补充，兼顾效率与公平"。十四届三中全会通过的《关于建立社会主义市场经济体制若干问题的决定》进一步强调了"个人收入分配要坚持以按劳分配为主体、多种分配方式并存的制度，体现效率优先、兼顾公平的原则"。十五大报告同样强调了"坚持效率优先、兼顾公平，有利于优化资源配置，促进经济发展，保持社会稳定"的发展原则。"效率优先、兼顾公平"成为经济发展的基本准则，也是分税制改革的指导方针。因此，1994 年的税制改革，无论是在具体税种设计上，还是在税率等项目的选择上，均充分体现了效率原则，但是在一定程度上忽略了公平。

应该说在改革开放之初尤其是我国经济基础薄弱的情况下，"效率优先"是一种正确选择。同时，"兼顾公平"说明党和政府注意到了居民贫富差距拉大的问题，这也为税收政策调节居民收入分配提供了可能。这一点可以从我国个人所得税政策的逐步建立和完善得到验证。市场经济体制初步确立后，在我国居民收入水平在迅速提高的同时，其收入分配差距的不断扩大，社会阶层出现两极分化的趋势。公平问题逐渐成为完善社会主义市场经济体制的桎梏。我们知道，构建和谐社会主义社会要求的不仅仅是经济的增长和部分社会成员物质财富的增加，而是在整个社会范围内实现全体社会成员的共同富裕。这个理论逻辑是不容置疑的，社会成员全面发展、社会稳定与和谐才是社会主义经济发展的最终目标。市场经济体制下的各项政策制度都应该为这个目标服务。正是基于此，税收政策也应该随着经济社会形势的发展而进行创新，加大调节居民收入分配的力度，促进整个社会的和谐发展，从而改变效率优先的发展原则。

党的十六大报告指出，"初次分配注重效率，发挥市场的作用，鼓励一部分人通过诚实劳动、合法经营先富起来。再分配注重公平，加强政府对收入分配的调节职能，调节差距过大的收入"。由于初次分配是造成我国居民收入差距过大的重要诱因之一，十七大报告明确提出，"初次分配和再分配都要处理好效率和公平的关系，再分配更加注重公平"，要"逐步提高居民收入在国民收入分配中的比重，提高劳动报酬在初次分配中的比重。着力提高低收入者收入，逐步提高扶贫标准和最低工资标准，建立企业职工工资正常增长机制和支付保障机制。创造条件让更多群众拥有财产性收入。保护合法收入，调节过高收入，取缔非法收入。扩大转移支付，强化税收调节，打破经营垄断，创造机会公平，整顿分配秩序，逐步扭转收入分配差距扩大趋势"。[①] 十八大报告则进一步提出了"初次分配和再分配都要兼顾效率和公平，再分配更加注重公平。完善劳动、资本、技术、管理等要素按贡献参与分配的初次

---

① 詹碧英：《初次分配也要注重公平》，载《泉州晚报》2007 年 10 月 31 日。

分配机制，加快健全以税收、社会保障、转移支付为主要手段的再分配调节机制"的收入分配制度改革要求。十八届三中全会提出了要进一步推动收入分配改革，形成合理有序的收入分配格局。

从历次党和政府对收入分配改革的目标要求看，其指向性和清晰地越来越明确。也就是要逐步通过体制机制创新，厘清政府与市场权力在收入分配领域内的边界，逐步形成合理有序的收入分配格局，让发展成果更多更公平地惠及全体人民。一是在初次分配领域，要促进市场分配正义的实现，赋予各类生产要素平等参与分配的权利与机会，健全资本、知识、技术、管理等由要素市场决定的报酬机制。在促进资源优化配置和效率提升的同时，消除过多、过少以及没有分配依据的不合理收入，为各要素合理分配所得提供基本制度保障，使得初次分配既体现效率又富有公平。二是在再分配领域，要促进政府分配正义的实现，其重点是运用税收等再分配手段，调节规模性收入分配，缩小收入差距，实现公平正义的再分配格局目标。这就要求我们不仅要关注代内收入分配差距、分配不公问题，更有关注收入代际流动、代际影响，从而防止利益的阶层固化。

总之，税收政策调节居民收入分配追求的目标，是在公平的前提下实现效率，在效率的基础上实现公平，其实质是寻求公平与效率的均衡。从前面的分析可知，效率本身也是一种公平，是市场交换正义的体现，它与公平共同构成了分配正义。作为调节居民代际财富分配的遗产税同样也要符合公平与效率协同发展的要求，最终促进财富分配正义的实现。

## 3.3 遗产税促进公平分配的作用机制

### 3.3.1 遗产税财富公平分配效应的运行机制

调节公平分配的遗产税机制是指建立在市场经济基础上的，调节财富分配的遗产税政策的各个组成部分和各个环节相互联系、相互制约、相互影响，从而有机地结合起来，推动整个机体运行和发展的方式。遗产税主要是通过收入机制、价格机制、心理预期等产生收入效应与替代效应，发挥其分配职能与调节职能，从而对居民的财富分配以及宏观经济运行产生影响。遗产税机制发挥其机能的运行过程具体包括遗产税政策变化，居民行为变化和社会经济活动变化三个阶段，如图3－5所示。

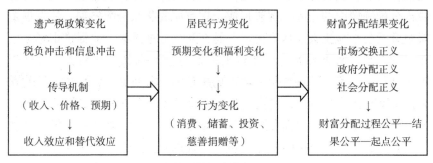

图3－5　遗产税调节居民收入分配的运行机制

### 1. 第一阶段：遗产税政策变化释放财富分配信号

政府根据居民收入分配状况，通过遗产税制的设计、调整，调控居民财富分配，实现公平分配的目标。遗产税政策的变化主要通过纳税人的心理预期和收入、商品价格等传导机制产生收入效应和替代效应，从而影响社会公众的投资、储蓄、消费、劳动供给等经济行为。由于遗产税是"富人税"，是对社会上极少数人的课征，对绝大多数人来说与遗产税是无缘的，如2011年美国联邦政府增收的遗产税98.1%来自于收入最高10%的人群，余下90%的美国人基本上无须缴纳遗产税。① 而且，从收入规模上来说，遗产税的收入规模较小，因此，遗产税的公平分配作用主要体现在对整个社会的所起的信号作用，正如我国民国时期当局对遗产税的评价一样，"税收数字虽微不足道，然自发展社会经济及平均社会财富分配之社会政策上言，实可矫正一般人民对其祖先遗产依赖之心理，且对巨额财富之集中，予以合理之抑制"。② 从目前开征遗产税的国家看，遗产税也主要是发挥着财富公平分配的指引作用，这也是税收立法的主要作用之一，对社会行为具有指引作用。例如在我国

① 乔磊：《"山姆大叔"如何征收遗产税》，http：//finance. qq. com/a/20121126/004389. htm。
② 中华民国行政院新闻局：《遗产税》，1947年11月印行。

目前贫富差距日益拉大的背景下，中央政府提出研究遗产税开征问题无疑就是一个积极信号，它可以显示出党和政府调节财富分配的决心，并起到激励社会公正意识的目的。

一方面，遗产税的开征可以增强富裕阶层注重对子女自身素质的培养而不是财富的积累；另一方面，可以引发这些富豪对更加关注慈善捐赠。据《2016 年度中国慈善捐助报告》显示，2016 年全国接收国内外社会各界的款物捐赠总额约 1392.94 亿元，占我国 GDP 比例仅为 0.19%，而同一时期的美国慈善捐赠为 2.1%，与之相比，我国在慈善方面的差距显而易见，这与我国目前缺乏相关政策的激励有很大关系。而遗产税的慈善捐赠激励效应在英美等国得到了验证，这也是我国目前很多学者赞成在我国征收遗产税的原因之一。

基于以上分析，政府制定遗产税更多的是一种信号指引作用，遗产税征收产生的收入效应和替代效应通过价格机制、收入机制和心理预期释放社会公正信号，从而影响纳税人的经济社会行为，进而促进社会财富公平分配。

正是基于遗产税能够释放引领财富分配的信号，从世界各国的遗产税政策实践看，遗产税的主要功能主要停留在社会公正的层面，其目的是维护社会财富的分配正义，从而消除或缓解贫富差距过分悬殊和社会两极分化带来社会阶层固化问题，促进社会的良性运行。

### 2. 第二阶段：居民行为变化产生财富分配效应

遗产税政策的变化将产生信息冲击与税负冲击，其中，信息冲击是指遗产税政策变化的信号对社会公众的心理预期波动产生影响，而税负冲击则是指政府课税所形成的税收负担以及税负增减变化对居民所产生的收入效应与替代效应。信息冲击和税负冲击在传导机制的作用下，使得社会公众的预期和福利发生变化，从而导致其经济社会行为发生变化，如重新就业、增加即期消费、减少储蓄、增加投资、改变资产构成等。与此同时，居民经济社会行为变化的过程也是市场资源配置的过程，这一过程决定了财富交换正义的实现程度。

首先，从遗产税的消费与储蓄效应看，由于课税减少了父母留给子女的财富，从而可以激励继承者更倾向于储蓄，而父母则出于多给子女创造财富的考虑其储蓄的意愿会更强。但也可能由于课税降低了储蓄的机会成本，反而更倾向于消费，其具体行为选择要受到所在国文化传统的影响，如中国父母基于多给子女留下财富的考虑可能会增加储蓄而减少当前消费。而且，遗产税是针对社会极少数征收的"富人税"，它对大多数人来说是只是一种制度存在而并不影响其财富积累，例如遗产税制较为成熟的美国，遗产税的征收面基本上只占美国人口 10% 左右的比例。① 即使是缴纳遗产税的继承人在面对遗产税时也要具备一定的实力，否则无福消受父辈留下的遗产。现实压力会迫使这些"富二代"不敢再"土豪"而是要注意消费、注重储蓄。因此，遗产税是鼓励还是抑制储蓄和消费目前并没有明确的结论。

其次，从遗产税的劳动供给效应看，由于征收遗产税会降低遗赠者闲暇成本，同时会减少受赠者的收入，替代效应的存在使得遗赠者会减少劳动供给，而收入效应的存在使得受赠者增加劳动供给，最终是增加还是减少劳动供给同样要受到所在国传统文化等各方面的影响，例如基督教文化国家的人们更倾向于白手起家，美国钢铁大王卡内基和投资家巴菲特主张征收遗产税的原因也在于此。因此，从开征遗产税国家的政策运行看，遗产税并没有对劳动供给产生消极影响，反而有助于提高人们劳动的积极性和创造性。

再次，从遗产税的投资效应看，遗产税的课征会影响纳税人的收入状况，并通过价格机制、心理预期释放到资本市场和产品市场，使得纳税人在不同的金融资产和非金融资产、无形资产和有形资产、流动资产和长期资产之间以及国内资产和国外资产等不同层面进行选择，从而影响资本市场和产品市场的规模与结构。同时，从纳税人的投资领域看，遗产税带来的资金外流现象同样也无法验证。以我国为例，尽管我国没有开征遗产税，但是我国近年来海外投资移民逐渐增多，而且海外投资的去向主要集中在遗产税征收地区，这恰好与遗产税会导致资金外流的说法相悖。

最后，从遗产税的慈善捐赠效应看，由于遗产税降低了慈善捐赠的成本，使纳税人更具有慈善捐赠的动力，促使人们更关心社会公益事业，从而促进了慈善组织的发展。应该说国外一些富翁热心于慈善事业，除了道德的力量外，遗产税政策也在发挥着不可或缺的推动作用。

---

① 乔磊：《"山姆大叔"如何征收遗产税》，http：//finance.qq.com/a/20121126/004389.htm。

从我国目前的税制设计看，无论是企业所得税还是个人所得税均体现了对公益性捐赠的激励，这些税收优惠政策在一定程度上促进了我国公益事业的发展，由此也验证了税收激励在社会分配方面的重要性和可行性。

综上，尽管遗产税会影响居民的经济行为和社会行为，而且反对开征遗产税的主要担忧就是遗产税会扭曲市场分配，影响交换正义，但从遗产税的国际政策实践看，并没有遗产税造成市场低效的典型例证，其引导财富分配预期、促进财富分配正义的作用反而较为显著。

### 3. 第三阶段：社会经济活动变化促进财富分配正义

课征遗产税产生的收入效应和替代效应通过心理预期、收入、价格等传导机制影响人们的消费、储蓄、劳动供给、慈善捐赠等经济行为和社会行为，从而产生财富分配效应，这一分配过程贯穿了市场分配、政府分配和社会分配，并最终影响初始分配，达到促进财富分配起点公平的目的。

首先，从遗产税的市场分配效应看，遗产税不会妨碍交换正义的实现，这一点可以从目前开征遗产税的国家得到验证。目前，世界上大约有100多个国家征收遗产税或类似税种，其中，既包括美国、英国、法国、德国、日本等发达国家，也包括挪威、芬兰、丹麦等北欧国家和波兰、匈牙利、保加利亚等东欧转型国家，而且还包括巴西、南非等新兴经济体。这些国家遍布世界各地，拥有各自政治、经济、社会、文化特点，但这些国家都是市场效率较高的市场经济国家，例如波兰，尽管课征了遗产税，但并没有制约波兰从中等收入国家迈入高收入国家的门槛。因此，遗产税不会影响市场效率，显然，以遗产税会导致市场低效反对在我国开征遗产税的观点有失公允。

其次，从遗产税的政府分配效应看，政府通过课征遗产税，一方面降低了纳税人的财富占有量；另一方面可以通过转移支付到低收入群体，从而促进财富的再分配，起到"削峰填谷"的作用。国外遗产税的最高税率达到50%，较好地缩小了贫富差距，例如，北欧国家的基尼系数一般在0.3以下，日本和西欧国家基尼系数一般在0.35左右。[1]

---

[1]  中国收入分配研究院网站，http：//www.ciidbnu.org/news/201303/20130317145010706.html。

反观我国的基尼系数，由于税收政策调节收入分配乏力，我国的基尼系数早就超过了0.4，并在2008年一度达到了0.491，2016年我国的基尼系数为0.465，① 这一数字仍然远高于大多数征收遗产税的国家，而遗产税政策恰好能够与个人所得税形成政策组合，共同发挥对收入分配的影响，从而降低我国的基尼系数。② 同时，就遗产税的收入规模而言，遗产税收入一般占到税收收入的1%~2%。按照这一比例估算，2016年我国税收收入115878亿元，此项收入约在1158亿~2317亿元，从而能够为地方政府提供稳定的收入来源，而且也符合十八届三中全会提出的提高直接税比重的目标要求。因此，通过开征遗产税有利实现政府的再分配职能。

再次，从遗产税的社会分配效应看，遗产税作为调节社会财产关系的一种强制性约束，有利于促进社会各阶层之间的流动，防止阶层利益固化。一方面，遗产税通过市场分配和政府分配促进财富分配的过程公平和结果公平；另一方面，通过税收优惠设计，对市场分配和政府分配的结果进行第三次分配，再一次促进财富分配的结果公平。

最后，遗产税通过市场分配、政府分配和社会分配产生的结果最终影响原分配，促进财富分配的起点公平。众所周知，在财富分配的规则中，机会均等和起点公平对财富分配的意义重大，也是各个国家在制定分配政策时的主要价值取向之一。市场经济的交换正义调动了各种生产要素参与市场分配的积极性，产生的财富分配不公，通过政府分配正义和社会分配正义加以矫正，从而形成良好的财富分配机制，促进整个社会健康持续地发展。

综上所述，财富分配正义是推动社会良性发展的动力机制，遗产税作为政府调节居民财富分配的有力政策工具，其收入效应和替代效应通过人们的心理预期等传导机制影响消费、储蓄、慈善捐赠等经济社会行为，从而影响市场分配、政府分配和社会分配，并最终影响财富的原分配，促进财富分配的起点公平、过程公平和结果公平。在我国贫富差距问题日趋严峻的状况下，研究遗产税开征问题刻不容缓。

82

---

① 国家统计局网站，http://www.stats.gov.cn/。
② 高凤勤：《促进我国居民收入公平分配的税收政策研究》，山东人民出版社2014年版。

### 3.3.2 遗产税财富公平分配效应的作用机理

由前面的分析可知，财富公平分配的内容不仅包括再分配，还包括初次分配和第三次分配，也就是说除了初始分配外，财富分配的形式还包括市场分配、政府分配和社会分配，其中，市场分配促进交换正义，政府分配和社会分配的目的是实现分配正义，不仅要促进财富分配的程序正义，还要促进财富分配的结果正义，不仅要实现财富分配的过程公平，还要促进财富分配的机会公平和结果公平，并最终促进社会公众持有财富的起点公平，防止因财产的代际转移导致利益固化和两极分化，影响社会的稳定。基于广义分配正义视角的遗产税财富分配效应包括效率效应（交换正义效应，又可称之为市场分配效应）与公平效应（狭义分配正义效应，包括政府分配效应和社会分配效应）。从遗产的效率效应看，遗产税通过影响代际财富转移影响财富的市场分配，对社会公众的消费行为、劳动供给、资产构成等经济行为影响。从遗产税的公平效应看，遗产税通过影响代际财富转移影响财富的政府分配和社会分配，进而影响社会公众的收入预期、慈善捐赠等，最终影响社会公正和社会稳定，其作用机理见图3－6。

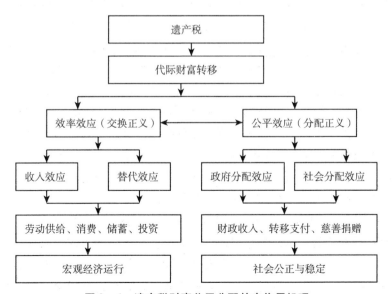

**图3－6 遗产税财富公平分配效应作用机理**

### 1. 遗产税效率效应产生机理

遗产税通过价格、心理预期等释放收入效应和替代效应信号，影响社会公众的劳动供给、消费、储蓄、人力资本投资和资产构成等经济行为，产生市场分配效应，影响宏观经济的运行。从收入效应看，国家通过对代际间财富转移课税，在增加政府税收收入的同时，增加了继承者继承遗产的成本，减少了被继承者留给继承人的财富，从而影响了继承者和被继承者双方的劳动供给、储蓄、消费等经济行为。从替代效应看，遗产税规定减免税政策，出于利他动机等因素的影响，被继承者往往会通过对继承者的人力资本投资和选择不同的财富组合来规避遗产税，从而导致被继承者的投资行为发生变化。遗产税效率效应的作用机制为：遗产课税→收入效应和替代效应→经济行为→资源配置→市场效率。

（1）遗产税的劳动供给效应。遗产税的劳动供给效应是指课税对遗产的继承者和被继承者的劳动供给产生的影响。作为直接税之一，遗产税的劳动供给效应与个人所得税类似。一方面，对遗产课税会降低遗赠者的闲暇成本，替代效应的存在使得遗赠者会减少劳动供给，这也是很多学者反对课征遗产税的原因，认为课税会影响富人工作的积极性，从而损害市场效率。另一方面，课税减少了继承者的收入，收入效应的存在使得继承者增加劳动供给，这也是西方一些富翁主张征收遗产税的理由，通过遗产税课征可以促使人们白手起家而不是坐享其成。因此，遗产税最终是增加还是减少劳动供给无法定论。就影响个人的劳动供给的因素来说，本来就受到收入状况、受教育程度、文化传统、家庭状况等多种因素的影响，更何况遗产税是对继承者和被继承者双方的课征，其影响因素不仅包上述因素，还会受到财产转移动机等因素的因素，合并考虑双方的整体劳动供给效应更为困难，因此，认为遗产税抑制劳动供给的说法没有经验数据证明。遗产税劳动供给效应的作用机制为：遗产课税→收入效应和替代效应→劳动供给。

（2）遗产税的储蓄效应。从遗产税对居民储蓄的影响看，遗产税会导致居民消费与储蓄的相对价格发生变化，从而产生储蓄效应。对居民来说，其当期收入扣除当期消费的余额即为储蓄，而人们储蓄行为可通过银行存款、购买有价证券等多种方式实现，而遗产税会导致居民的心理预期和收入水平发生变化，从而产生收入效应和替代效应。从收入效应看，由于税收政策的调整引起资产价格的变化，资本品的投资收益率也因课税发生改变，从而导致居民实际收入和收入预期变动，为满足既定的未来消费目标或者将财产留给子女，居民会重新选择消费与储蓄组合。而且，从替代效应看，主要是税收政策调整影响了消费与储蓄的相对价格，从而产生了储蓄与消费组合重新选择，影响了居民的储蓄需求。

由于课税减少了子女从父母处获得的收入，从而可以激励继承者更加勤奋地工作和储蓄，而父母由于留给子女的财富减少，父母出于多给子女创造财富的考虑可能会增加劳动供给和储蓄，但也可能由于课税而减少就业和储蓄。由于每个国家的文化传统不同，父母的选择是不同，如中国父母基于多给子女留下财富的考虑可能更倾向增加就业和储蓄。因此，遗产税是否是增加还是减少储蓄主要取决于财产转移动机，取决于继承者和被继承者行为反应的整体效应，如美国学者威廉·G·盖尔（William G. Gale）和玛丽亚·G·珀欧泽科（Maria G. Perozek）通过数理模型分析，由于财产转移动机的存在，遗产税会导致储蓄增加。[①] 遗产税储蓄效应的作用机制为：遗产课税→收入效应和替代效应→储蓄行为。

（3）遗产税的消费效应。无论是凯恩斯消费理论、杜森贝利的相对收入消费理论、莫迪利安尼的生命周期消费理论，还是弗里德曼的持久收入消费理论以及现代消费函数理论，都认为居民的收入对其消费起到了决定性作用。遗产税主要是通过价格、纳税人的预期和收入等传导机制产生收入效应和替代效应。从收入效应看，遗产课税造成了消费品、资本品的价格产生变化，从而影响居民的实际可支配收入，进而影响居民可支配收入以及居民的收入预期，并产生消费需求效应。从替代效应看，遗产税会导致消费品和资本品价格变化，影响消费品价格和资本投资收益率，从而使消费相对价格发生变化，进而导致居民消费需求变化，其作用机制为：遗产课税→收入效应和替代效应→消费行为。

（4）遗产税的人力资本投资效应。从遗产税对人力资本投资的影响看，遗产税主要是通过人们对子女的教育投资发挥作用。从收入效应的角度看，由于课税会减少被继承人留给子女的财富，从而激发人们更

---

① William G. Gale, Maria G. Perozek. Do Eatate Taxes Reduce Saving？［J］. Bookings Economic Papers，November11，2000.

多注重子女的教育投资，以便培养子女自力更生的能力，在先课税后分遗产的情况下，也可以让子女能够有能力继承遗产。从替代效应的角度看，对子女的教育投资往往可以在个人所得税前扣除，而且这种投资无形中减少了留给子女的"形式上的财富"，降低子女的纳税成本，而且可以通过教育投资内化为子女自身素养的提高，形成一种"终身财富"，在一定程度上也可以避免"富不过三代"的悲剧，其运行机制为：遗产课税→收入效应和替代效应→投资子女教育行为。

（5）遗产税的资产构成效应。就税收的收入效应而言，遗产税的课征会影响被继承人的财产状况，并通过价格机制、心理预期释放到资本市场和产品市场，使得继承人在利他动机的促使下，在不同的金融资产和实物资产之间、无形资产和有形资产之间、流动资产和长期资产之间以及国内资产和国外资产等不同层面进行资产组合，从而能够最大限度地增加留给其子女的资产，进而影响了不同层面的资产市场，尤其是资本市场和产品市场的规模与结构，其作用机制为：遗产课税→收入效应和替代效应→被继承人的资产构成。

## 2. 遗产税公平效应产生机理

遗产税政策通过税率、征收类型、征税范围、税收优惠等税制要素的设计形成财政收入的同时产生公平分配效应。首先，政府课征遗产税本身就会使继承者从先人那里获得的财产减少，从而消减了出身对财富分配的影响，促进代际财富分配公平。其次，政府通过课征遗产税形成财政收入，并通过转移支付提高低收入者的收入水平，缩小贫富差距。最后，通过遗产税对社会慈善捐赠的优惠政策，激励富人做慈善，从而起到"削峰填谷"的目的，其作用机制为：遗产课税→财富分配→公平分配。

（1）遗产税的代际财富分配效应。政府通过对富人向后代转移财产课税，直接减少了人们因为继承财富造成的财富集中度过高，减少起点不公，促进原分配公平。除了组织财政收入外，对遗产课税的最大原因就是通过遗产税消除因代际财产转移造成的财富，这也是现代国家开征遗产税的主要理由。从目前开征遗产税的国家看，由于遗产税收入税收收入的比重较小，其主要目的不是为了组织财政收入，而是作为公平财富分配的信号存在，其作用机制过程为：遗产课税→居民财富继承→

财富的代际分配。

（2）遗产税的转移支付效应。政府通过直接把税收收入无偿地拨付给低收入者使用，改变了其生活状况，提高了低收入者的福利水平。以我国的利息税为例，我国利息税在 1999 年利息税开征时，就将其收入定向用于对中低收入者生活补贴和中西部地区转移支付，从 2002 年起，其收入基本上是通过转移支付的方式支援不发达地区，缩小地区间收入差距，因而，从其收入用途看，该税种起到了缩小地区间收入差距的作用。遗产税通过转移支付产生的收入分配效应过程为：遗产课税→税收收入→转移支付→提高低收入者收入。

（3）遗产税的公益捐赠效应。遗产税对社会分配的影响主要是通过减免税设计影响被继承人和继承人的公益捐赠行为，从而产生公平分配效应。从收入效应的角度看，公益捐赠减少了留给继承人留给后代的财产，促进了财富分配的代际公平；从替代效应的角度看，对公益性捐赠进行减免税意味着被继承人进行公益捐赠的成本降低，从而激励其慷慨解囊，达到通过第四次分配——社会分配缩小贫富差距的目的。从遗产税的国际实践看，为了鼓励社会公益事业发展，征收遗产税的国家一般对公益性捐赠项目进行减税或免税，这对于实行累进税率的遗产税来说，计税依据的减少意味着适用税率的降低，也就意味着应纳税额的降低。例如，OECD 的成员国韩国和英国都有慈善捐赠免税的规定：韩国规定凡是捐赠给政府或公共团体、公益事业机构、宗教团体、慈善机构、学术团体、公共福利机构等的财产不征收遗产税；英国也规定向慈善机构、指定政治团体、社会福利部门或公共部门赠与财产免税的规定。作为"金砖五国"之一的巴西在其遗产税制度的设计中，同样规定了继承人将依法继承的遗产捐赠给政府和非营利组织的，可以予以免税。通过这些国家的遗产税公益性捐赠税收优惠政策的设计可以管窥遗产税的社会分配作用，其运行机制为：遗产税减免税设计→捐赠行为→财富的社会分配。

### 3.3.3　遗产税调节财富分配的总体特征

遗产税促进公平分配是指政府运用税收政策，对经济运行和社会物质利益分配进行有效调节，从而改变社会成员的利益分配格局，实现预期的社会经济目标。遗产税调节活动是政府宏观调控的重要组成部分，是政府干预社会经济运行的载体，是政府主动的调控行为。就目前而言，虽然遗产税调节财富分配的具体政策实践具有国际差异性，但促进居民财富公平分配的基本目标是一致的。

由前文分析可知，遗产税调节财富分配的机制遵循如下的逻辑：市场经济发展造成了财富分配不公→财富分配不公需要政府干预→政府选择恰当的遗产税政策工具进行调控。具体而言，税收政策调节收入分配具有以下特点。

### 1. 遗产税调节具有直接性

市场机制主要是通过价格等"看不见的手"发挥资源配置的基础作用，但由于市场分配的程序正义无法解决收入分配的结果政策，因此，还需要借助政府这只"看得见的手"来解决分配不公问题。遗产税政策作为政府调节收入最直接和最有效的经济手段，恰恰是公平分配中那只"看得见的手"，它对于解决财富分配不公具有不可替代的作用。

### 2. 遗产税调节具有规范性

遗产税对财富分配的调控是以正式税收制度为依据的，税收的无偿性、强制性以及规范性等内在属性特征使税收制度必须以法律、法规的形式体现出来。这就意味着不论纳税人以及其他涉税当事人是否心甘情愿，都必须按照法律规定履行纳税义务，从而保证了税收政策能够顺利实施。

### 3. 遗产税调节具有复杂性

一方面，从遗产税的职能作用看，其调控目标不仅仅是公平分配，还包括组织财政收入、促进经济增长与稳定等多个职能。在行使公平分配这一职能作用时，必须考虑到与其他职能的协调配合。另一方面，仅就公平分配这一个目标而言，其过程也是较为复杂的。从目前遗产税的国际政策实践看，在不同时期、不同环境下，也可能呈现不同的累进或累退性，遗产税对财富分配的影响也不确定。因此，为了提高遗产税公平分配的有效性，就必须把遗产税当作一个系统工程，考虑多方面因素的影响，协调多种利益关系，从而设计出最佳遗产税制。

**4. 遗产税具有对公平与效率的兼顾性**

与公平与效率对立观点不同，遗产税调节公平分配则是兼顾二者，使其达到一种均衡状态。遗产税既要体现经济公平，又要体现社会公平；既要促进市场分配正义的实现，又要促进政府分配正义的实现；既要保护居民个人依靠自身禀赋取得合理收入的积极性，又要保证社会弱势群体的基本生活需要等。

### 3.3.4 遗产税促进公平分配的制度构成

**1. 遗产税的制度要素**

遗产税的制度要素主要包括纳税人、征税对象、税率、扣除项目、减免税等几个方面。其中，纳税人是指缴纳遗产税的个人，一般是针对遗产的继承者征收。征税对象主要是针对被继承者留给继承者的所有财产，包括房地产、有价证券、银行存款、金银珠宝、知识产权等多种形式的财产。为了增强其累进性，遗产税一般采用超额累进税率，如我国民国时期的遗产税在采用比例税率的同时，采用超额累进税率，最高税率曾一度高达60%。[①] 遗产税的扣除项目一般包括丧葬费、遗嘱管理费、被继承人债务等，减免税政策则主要是针对公益性捐赠，如韩国税法规定：捐赠给政府或公共团体的财产，捐赠给公益事业机构或宗教团体、慈善机构、学术团体或公共福利机构的财产以及法律和总统令规定的其他财产不征税。

**2. 遗产税的征管模式**

目前遗产税的征管模式主要分为总遗产税、分遗产税和总分遗产税。总遗产是指以财产所有人死后遗留的财产总额为课税对象，以遗嘱执行人和遗产管理人为纳税人，通常采用超额累进税率。简言之就是"先税后分"而不管这些财产的去向如何，也不管继承人的多少及与被继承人的亲疏关系。该模式的优点是税率单一、计算简便、征管成本

---

① 刘佐：《遗产税制度研究》，中国财政经济出版社2003年版，第34页。

低；缺点是没考虑到各继承人的具体情况，不能充分体现分配正义。目前，包括美国、英国、新西兰、新加坡和中国台湾地区等在内的国家和地区实行总遗产税制，中国香港地区在废除遗产税之前也是采用这一税制模式。分遗产税是指以各继承人和受遗赠人获得的遗产份额为纳税对象，税率也采用超额累进税率，允许抵扣和减免，简言之就是"先分后税"。该模式与总遗产税相比，征管成本高但更公平合理。例如德国、法国、波兰、韩国、日本国家采用这一税制模式。总分遗产税制是将总遗产税和分遗产税综合在一起的税制模式，即对遗产总额课一次总遗产税，再对各继承人分配的税后遗产达到一定数额的课一次遗产税，简言之就是"先税后分再税"，优点是兼采了上述两种税制的长处，缺点是手续复杂、技术难度大、征管成本较高，实践中效果并不好。目前，只有加拿大、意大利、菲律宾、伊朗等少数国采用这一税制模式。

### 3. 遗产税与其他税的协调

遗产税在发挥公平分配作用的同时，还需要与赠与税配合。开征遗产税的国家往往需要开征赠与税，其主要原因在于防止人们通过赠与的方式逃避遗产税。从目前课征遗产税的国家看，基本上都是在征收遗产税的基础上同时征收赠与税。

# 第4章 遗产税公平分配效应的实证分析

由于遗产税的影响面广、影响时间长，其影响甚至跨越人的整个一生，对于遗产税能否对公平分配产生效果有不同的观点。因此，政府能否通过征收遗产税实现再分配目标不能简单评判，而应根据微观数据尽可能弄清楚我国居民的遗产继承特征及对财产分配不公的影响，并在此基础上讨论遗产税能够带来多大的再分配效果。所以，本章主要侧重这几个问题：（1）我国遗产继承的特征呈现出什么样的特征？是否一定引起财产分布不平等的扩大？（2）遗产税能否发挥政府分配的效果，促进财富公平分配？

对于代际财产转移及其征税问题的研究，克里默·H·和佩斯蒂厄·P·（Cremer H. & Pestieau P.，2003）、沃依切赫科普齐克（Wojciech Kopczuk，2012）进行了文献梳理。目前针对代际财产转移的研究主要包括以下两个方面：一是对以生命周期理论和经典世代交叠模型为基础的理论分析或模拟测算代际财产转移问题；二是以财产转移数据为基础进行财产代际专业的经验分析及代际财产转移的分配效应。理论分析和一些模拟测算分析主要是研究了遗赠行为的决定机制以及遗赠行为对财富分配不公或收入分配不公的影响，以及遗赠行为对一些社会问题产生的外部性影响等。在这些经验分析中，大多数研究的目的在于发现现实世界中财产遗赠的规律，展现特定国家特定时期的财产转移特征。由于收到数据方面的原因，目前的经验分析多数主要集中在对美国和德国的研究上。如盖尔和肖尔茨（Gale & Scholz，1994）根据美国消费财务状况调查（Survey of Consumer Finances）数据和一个生命周期模型进行估计，发现在人的一生中财产积累的51%源自遗产继承或亲人的赠予，而全部财产中有过20%的部分来自于父母有目的的赠予。马克·斯瑞迪力克（Marc Szydlik，2004）则根据 1996 年德国老龄化调查（Ageing Survey）数据比较了民主德国和联邦德国的遗产继承特征，研究发现在民主德国人们从遗产中获得的财产远低于联邦德国。

具体到国内而言，由于缺乏数据等方面的原因，国内学者关于财产代际转移的文献主要基于理论方面的分析，定量分析不多。本章力图借助住户调查数据进行定量分析方面的尝试。囿于数据方面的原因，我们利用北京大学中国家庭跟踪调查（CFPS）的数据，根据 2010 年中国家庭的财产信息，我们首先推算了不同家庭的财产分布，然后根据财产在不同年龄段和不同贫富群体中的分布特征以及相应人群的死亡概率，估计我国遗产继承的规律。在此基础上，进一步考察不同类型遗产税的分配效应。

## 4.1　遗产继承与财富分配不公

### 4.1.1　相关文献述评

国外文献对代际财产转移及引发的财富分配、劳动供给等问题进行了大量的研究。较为有代表性的有：克里默和佩斯蒂厄（2003）认为，父母对子女等的财产遗赠主要源于以下四个方面的目的：一是利他动机。在这种情况下，父母往往为了能让子女在今后的生命周期中生活得更幸福而给予其大量的遗产或者通过赠与的方式给予对方财产；二是利己动机。在这种情况下，父母的赠与行为是为了增加他们自己的效用，例如享受给予的快乐；三是互利动机。在这种情况下，父母为了从子女处获得回报而遗留或赠与其财产，而子女对父母的回报可能是养老送终等非金钱的服务行为；四是无动机的意外遗产。在这种情况下，往往是在没有主动立遗嘱的情况下，因为意外死亡而留给子女等后代的遗产。基于本书主要是为了估算遗产继承造成的财产代际转移的现实流动信息，加之数据信息方面的限制，在本书中我们主要是考虑没有动机条件下的财产继承情况。

从财产转移是否影响财富分配不公方面来看，国外现有文献对不同国家的研究结论并不完全一致。阿蒂亚斯·多恩福特和沃尔夫（Attias - Donfut & Wolff，2000）发现父母生前的持续财产代际转移不但不会扩大财产不平等，反而有可能降低不平等，因为此类财产代际转移普遍针对比较贫困的子女。爱德华·N. 沃尔夫（Edward N. Wolff，2002）根据美国数据分析了美国2000年以来的贫富差距状况和财产转移情况发现，与富人相比，穷人转移的财产比例要比富人大，遗产等财产转移往往有均衡家庭财产分配的作用，但并不意味着遗产继承具有缩小贫富差距的作用。① 马克·阿尔贝蒂尼、马丁·科利、克劳蒂亚·沃格夫（Marco Albertini，Martin Kohli，Claudia Vogel，2005）研究了瑞典、丹麦、芬兰、德国、法国、奥地利、瑞士、西班牙、意大利和希腊10个欧洲国家的遗产继承情况，研究的结果认为，在这些国家中人们将大量财产转移的给子女的现象较为普遍，并且在意大利等一些南欧国家中人们更是有意识地将财产留给下一代。② 哈拉尔德、安德烈亚斯、毛特尔·克林格比尔（Harald K.，Andreas，Motel - Klingebiel，Martin Kohli，2005）研究德国的财产转移数据时发现，如果父母对中年子女进行财产赠与的话，不仅不会造成财产不平等的扩大，反而有可能降低其不平等程度，但在遗产继承的条件下则可能会扩大不平等。③ 马克·卡杰蒂和玛丽亚克里斯蒂娜·纳迪（Marco Cagetti & Mariacristina De Nardi，2008）通过分析美国的相关数据时发现，储蓄造成的居民财产集中度明显要高于劳动带来的财富集中度，在人们有意识将财产遗赠给下一代的情况下会造成财产分布的不平等，但是在意外继承遗产的情况下，其对财产分布不平等的影响不明显。④

---

① Edward N. Wolff，Top Heavy：A Study on Increasing Inequality of Wealth in America Newly updated and expand edition. New York：News Press.

② Marco Albertini，Martin Kohli & Claudia Vogel：Research Group on Aging and the Life Course，December 2006：5 - 36.

③ KOnemund，Harald；Motel - Klingebiel，Andreas；Martin Kohli：Do Intergenerational Transfers From Elderly Parents Increase Social Inequality Among Their Middle - Aged Children? Evidence from the German Aging Survey，Journals of Gerontology Series B：Psychological Sciences & Socia；Jan2005，Vol. 60B Issue 1，30.

④ Cagetti，Marco and Mariacristina De Nardi：Wealth Inequality：Data And Models，Macroeconomic Dynamics，12（S2），285 - 313.

### 4.1.2 财富分配不公的衡量

我国的财富分配不公现象近年来迅速扩大，但由于我国尚未征收遗产税，也没有较多的遗产转移的数据，关于遗产继承或代际之间的财产赠与等相关代际财产转移的文献较少，但从目前我国的代际间财富转移状况看，父母给子女购买房产等代际间的财产转移现象在我国较为普遍。在遗产继承中，遗产也主要是由子女等家庭成员继承，或者由关系紧密的亲戚朋友继承。一般来说，继承人拥有的财产数量或者是富裕水平与被继承人的财产状况相差不大。因此，遗产继承基本上不可能在贫富差距较大的人之间产生，即使有也是偶然现象，或者说我国的遗产继承基本上是同一财产阶层内部的积累过程。基于此，我们可以使用一个简单数学模型来解释财产代际转移对财富分配不公可能带来的影响。

由于基尼系数等衡量收入分配不平等的指标主要是用来评判相对不公平程度，我们将社会群体简单分为富人和穷人两个群体，他们的财富存量分别为 $x_1$ 和 $x_2$，人数分别为 $n_1$ 和 $n_2$。因此，他们的财产差距可以简单表示为

$$A = \frac{x_2/n_2}{x_1/n_1} \qquad (4-1)$$

在此我们假设穷人和富人的死亡率分别为 $r_1$ 和 $r_2$（$0 < r_1$，$r_2 < 1$），个体死亡以后的财富存量变为 $x_1(1-r_1)$ 和 $x_2(1-r_2)$，在不考虑新增人口的情况下，人均财产保持不变。他们死后留下来的财产为 $x_1r_1 + x_2r_2$。如果穷人从中继承的比例为 $\alpha$，富人从中继承的比例为 $1-\alpha$，那么财产差距将变成

$$B = \frac{[x_2(1-r_2) + (1-\alpha)(x_1r_1 + x_2r_2)]/[n_2(1-r_2)]}{[x_1(1-r_1) + \alpha(x_1r_1 + x_2r_2)]/[n_1(1-r_1)]} \qquad (4-2)$$

当穷人只能从穷人获取遗产时，$\alpha = x_1r_1/(x_1r_1 + x_2r_2)$，此时

$$B' = \frac{x_2/[n_2(1-r_2)]}{x_1/[n_1(1-r_1)]} = \frac{x_2n_1(1-r_1)}{x_1n_2(1-r_2)} \qquad (4-3)$$

显然，当穷人和富人的死亡率相同时，财富的相对差距不变；当穷人的死亡率高于富人时，由于分摊财富的人数减少，穷人的人均财富增加，财富相对差距缩小；反之，当穷人的死亡率较低时，财富差距会扩大。由于这个简单公式只是从静态的角度考虑，没有加入人口增加因

素，现实情况可能存在差异，但它还是能表明以下几个方面的问题：

（1）财富的代际转移不一定增加或缩小贫富差距。人们普遍担忧富人的财产出现累积，下一代的财产中不仅包括自己的努力，也有来自上一代甚至上几代的财产。但从相对的不公的角度看，穷人的财产同样也会出现积累，富人的人均财产与穷人的人均财产的相对值的变化可能多样化。所以，财产代际转移能否扩大或减小财富分配不公在不同环境下的状况不同。

（2）遗产税显然能够降低财富分配不公。这与绝大多数文献的观点是一致，如伯克哈特·希尔（Burkhard Heer，2001）、皮凯蒂（Piketty，2003）和莉莉·L·巴彻尔德（Lily L. Batchelder，2009）学者等的研究都认为遗产税在促进财富分配不公方面能够发挥积极的作用。根据目前 OECD、"金砖国家"以及其他国家征收遗产税的政策实践看，遗产税一般主要针对极少数的富人，这就意味着在富人可以继承的财产中可以再扣除一个比例 β。那么穷人和富人之间的相对财富差距变为

$$C = \frac{[x_2(1-r_2) + (1-\alpha-\beta)(x_1r_1 + x_2r_2)]/[n_2(1-r_2)]}{[x_1(1-r_1) + \alpha(x_1r_1 + x_2r_2)]/[n_1(1-r_1)]} \qquad (4-4)$$

（3）如果政府希望减少由于财产继承造成的财富分配不公，那么应该尽可能增加穷人获得的遗产的比例 α。在存在遗产税的条件下，应进一步通过财政转移支付将通过遗产税组织的财政收入尽可能分配给穷人。经验表明，同样的一笔资金，分配给最穷的人将能够更大地发挥政府分配的作用，从而缩小贫富差距。

## 4.2　数据及模型设定

### 4.2.1　数据及一些基本现象

本文主要根据北京大学社会调查中心中国家庭跟踪调查项目（CFPS）2010 年的数据进行分析。该项目在全国范围内调查了 14798 户家庭，询问了他们的收入、财产等信息。从抽样过程看，具备较好的全国代表性。本书参考李实等（2005）对其中的财产进行了归类和核算。

李实、万海远等（2014）和谢宇等（2014）也根据这套数据估算了2010 年的财产分布。由于具体细节处理不同，核算结果不完全相同，但基本一致。本书在核算中将财产分为七个分项：金融资产、净房产、耐用消费品价值、生产性固定资产价值、其他资产的估计现值、土地价值、非住房负债等，其中城镇住户的土地价值为零。由于问卷的设计与引文所使用数据不完全相同，所以具体归类中存在一些差异。① 经过数据整理并去掉一些无效数据以后，最终用于运算的数据包括 24428 个个人样本。图 4 - 1 显示了不同年龄段的人的死亡率和平均资产信息状况。

图 4 - 1 中的死亡率数据来自 2010 年人口普查各个年龄男性和女性的实际死亡比例。从图 4 - 1 可知：

第一，我国居民 55 岁之前的死亡率都比较小，这个年龄段的个体死亡一般是由于疾病或其他意外事件引起。第二，65 岁之后死亡率会大幅增加，随着年龄增加，个体的正常去世是主要原因。由于 65 岁之上的死亡率较高，所以遗产的构成中主要来自这些年龄较大的人。第三，人均财产随着年龄增加先增加后减少，这一趋势与其他文献是相符的。一般来说，人们在生命周期的前半部分往往通过储蓄来集聚财产，在退休

96

---

① 具体估算包括以下几个方面：（1）金融资产包括各项银行存款、有价证券、股票和个人所有的企业资产等。（2）净房产是房产总资产与有关负债的差值。城镇住户问卷中有关于房屋产权的问题，对于房屋产权不属于完全自由、父母子女提供的，房产值以 0 值取代。如果有住户的房屋产权属于私有，并且回答了房屋居住面积，但没有回答房产价值。对此，将该家庭所在城市的平均每平方米房产价值算出，再乘以该家庭的居住面积得到这个家庭的房产价值。家庭房产价值中扣除建房、买房贷款或借款后得到净房产价值。在农村住户问卷中，如果出现类似情况，也进行类似处理。（3）生产性固定资产包括与生产有关的厂房、设备等的价值，包括家庭拥有的、用于生产的厂房，农村家庭用于耕种的拖拉机等等。如果住户报告了拖拉机数量，但没有报告拖拉机价值，那么按照所有样本个体的平均拖拉机价值作为该住户拖拉机的单价，计算相应的拖拉机总值。（4）耐用消费品价值根据住户报告的电视机、自行车、洗衣机等耐用品数量及其价值进行推算。假定汽车的折旧率均为 5%。其他耐用品没有报告时间，所以不进行折旧处理。如果回答了耐用消费品的价值，那么直接取这个数值。如果没有回答总价值但报告了部分耐用品的数量，则按照已经回答这两项的相应数据，估算以下方程：

耐用消费品价值 = a1 × 电视机 + a2 × 汽车 + a3 × 摩托车

得到相应系数以后，根据相应耐用消费品的数量估算其耐用消费品总价值。（5）土地价值的估算中，首先对土地面积按一亩水浇地等于两亩旱地进行调整。其次，通过家庭农业经营毛收入的分项加总计算出每户家庭的农业经营毛收入。如果分项加总后的值为 0，则用问卷中直接报告的家庭农业经营毛收入代替。最后，按照 McKinly（1993）的测算方法，家庭农业经营毛收入中的 25% 来自土地，土地的收益率为 8%，从得到家庭的土地价值。对于问卷中个别农户没有回答关于农业经营毛收入问题，但回答了土地面积，我们首先根据报告了这两个信息的家户计算相应县的每亩平均土地价值，然后根据家庭土地面积计算相应的土地价值。

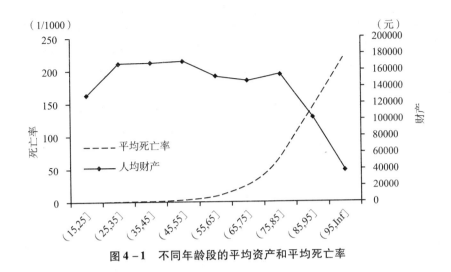

图4-1 不同年龄段的平均资产和平均死亡率

以后，随着收入的减少，人们开始消耗自己原来的储蓄（Burkhard Heer，2001）。不过，在一些发达国家中，不同年龄段的人均财产往往在60 岁以后才开始下降，而且下降的幅度还比较稳定。但是，我国的情况比较特殊，一般是在 55 岁以上的平均财产就开始下降，而且 85 岁以上的人的财产规模下降幅度非常大。究其原因，主要是我国的改革开放时间较短，只有 30 多年的时间。在改革之前大家是没有财产的。在1978 年改革开放之后，这些 85 岁以上人已经超过了 50 岁，很难再从改革开放带来的红利中获得更多财产了。而在改革开放初期年纪较小的人，可以借着改革开放的大好形势争取到更多私人财产。随着改革的进程、市场经济的发展、房价的上涨等因素，越年轻一代越有更多机会获得更多的财产。

表4-1 显示了根据 CFPS 数据计算的家庭结构信息。遗产继承中第一继承人包括配偶、子女和父母。根据数据统计，25 ~ 75 岁的人绝大多数都有健在的配偶。在现实生活中，夫妻一方去世，如果自住房留给配偶，就相当于配偶继承了相应的房产。这部分年龄段的人留给配偶的遗产规模可能会比较高。75 岁之上的人的配偶比例比较低，大多数遗产会留给子女。对于子女而言，我们发现一个很有意思的现象，55岁之上的子女数目在2.38 以上，但 55 岁之下的子女数目都在 1.87 以下。这反映了计划生育政策在控制子女数目中的强大影响，进一步也会影响遗产继承和积累。因为在代际继承中，如果没有特别的遗嘱，遗产将给

子女平分，此时如果子女数目较少，显然每个人能够分到的遗产较多，财产更容易积累。按照这个结果，在未来财产积累的速度应该会增强。从短期看，子女数目少的家庭，遗产对财产积累的影响也会比较强，如果这个家庭比较富裕，那么遗产继承很可能会扩大不平等。最后，我们也报告了父母健在比例，45 岁之下的人的父母大多数都健在。如果他们意外死亡，遗产的一部分会流向父母。不过这部分人的死亡率较低，所以对整体的影响应该比较弱。

表 4 - 1　　　　　　　　　不同年龄段的家庭成员特征

| | 配偶健在比例（%） | 有子女的比例（%） | 平均子女数（仅对有子女个人） | 父母任一方健在比例（%） | 加权样本量 | 配偶健在比例（参考） |
|---|---|---|---|---|---|---|
| (15, 25] | 0.26 | 0.16 | 0.19 | 0.98 | 4775 | 0.19 |
| (25, 35] | 0.88 | 0.80 | 1.13 | 0.94 | 4330 | 0.83 |
| (35, 45] | 0.95 | 0.97 | 1.64 | 0.81 | 5453 | 0.94 |
| (45, 55] | 0.95 | 0.98 | 1.87 | 0.55 | 4193 | 0.93 |
| (55, 65] | 0.90 | 0.98 | 2.38 | 0.23 | 3252 | 0.88 |
| (65, 75] | 0.75 | 0.97 | 3.41 | 0.03 | 1664 | |
| (75, 85] | 0.50 | 0.96 | 3.74 | 0.01 | 679 | 0.63 * |
| (85, Inf] | 0.08 | 0.93 | 3.31 | 0.00 | 92 | |

注：＊人口普查汇编资料中，65 岁之上没有更细的分类，所以 0.63 是所有 65 岁之上人口的平均值。

资料来源：根据 CFPS 数据计算得到。"配偶健在比例（参考）"根据《2010 年第六次全国人口普查统计资料汇编》中的相关数据整理，用于验证 CFPS 的家庭关系数据。可见，二者的统计结果是非常接近的，进一步验证 CFPS 家庭结构数据的可靠性。

### 4.2.2　模拟模型构建

中国家庭跟踪调查没有询问受访户的遗产信息，也没有对家庭内部的财产进行准确划分。所以，本书结合现实一般规律设计了一套模拟模型，其中主要包括三个子部分：家庭内财产分配机制、遗产发生机制、遗产继承机制等。

**1. 家庭内财产分配**

原始数据中的财产信息是以家庭为单位询问的，但死亡事件是针对个人。由于家庭内部的财产一般是共享的，所以假定家庭总财产由家庭所有成员共有，每个人等比例地占有一部分财产，即第 i 个家庭第 j 个人的初始财产是：

$$x_{ij} = \frac{X_i}{J_i} \quad i = 1, 2, \cdots, n_h; j = 1, 2, \cdots, J_i \quad (4-5)$$

其中 $X_i$ 表示家庭总财产，根据样本数据核算得到；$J_i$ 表示家庭人口数，根据样本数据统计得到；$n_h$ 表示样本的总户数。

**2. 遗产发生**

为尽可能接近现实情况，本书假定遗产是由于个体死亡发生的。每个人在当年是否死亡取决于特定的死亡概率。死亡概率的数据来自 2010 年人口普查数据，其中区分了不同年龄、不同性别的人在 2010 年的实际死亡比例。按照大数定律，假定此比例为特定个人死亡的理论概率。不过，2010 年人口普查数据中超过 95 岁人样本量相对较小，实际比例甚至小于 90~95 岁的死亡比例。我们将 95 岁之后的死亡概率调整为与 95 岁之前的最大值相同，那么，每个特定年龄和特定性别的人在 2010 年都可能依赖于特定概率发生死亡。具体的模拟过程是根据相应概率的二项分布来模拟，当模拟得到的值为 1 时表示死亡，否则表示未死亡：

$$d_{ij} \sim B\left(1, p(Age_{ij}, Gender_{ij})\right) \quad (4-6)$$

$$d_{ij} = \begin{cases} 1 & 死亡 \\ 0 & 未死亡 \end{cases} \quad (4-7)$$

其中，$B(n, p)$ 表示以概率 p 为参数的 n 重二项分布，表示对于独立重复的 n 个事件，以概率 p 随机取值为 1，否则取值 0。$p(Age_{ij}, Gender_{ij})$ 表示每个人的死亡概率，取决于他的年龄和性别。

**3. 遗产继承**

按照我国继承法，如果去世的人在生前没有立遗嘱，他的财产将首先被第一顺序继承人继承，如果没有第一顺序继承人，则由第二顺序继承人继承。第一顺序继承人包括配偶、子女和父母，第二顺序继承人包括兄弟姐妹、孙子女、祖父母。如果两个顺序继承人都没有，那么假定财产消失。不过，本书所使用样本中并没有第二顺序继承人信息，所以如果没有第一顺序继承人，那么死亡个体的遗产实际上也消失了。另外，在现实生活中，如果去世人的配偶仍然在世，那么一般情况下他的配偶将继续在自住房内生活，相当于去世个人的自住房给了配偶。由于房产在资产中的占比很大，自住房的这种考虑也非常重要，所以从简化的过程看，遗产继承主要包括两个方面：

第一，自住房的继承，如果配偶健在，则由配偶继承，如果配偶不在，那么由其他第一继承人按房产价值平分。即第 $i$ 个家庭第 $j$ 个人所获得的自有住房资产转移额度：

$$Ta_{ij} = \begin{cases} if(d_{ik}=1 \text{ 且 } d_{ij}=0) \begin{cases} if(j \text{ 与 } k \text{ 是配偶}) x_{ik}^a \\ if(j \text{ 与 } k \text{ 不是配偶}, k \text{ 无在世配偶}) x_{ik}^a / J_i^* \\ others0 \end{cases} \\ others0 \end{cases}$$

$$(4-8)$$

其中，$k \in \{1, \cdots, J_i\}$ 且 $k \neq j$，$J_i^* = \sum_{j=1}^{J_i} (1-d_{ij})$ 表示家庭内所有在世的被继承人数目，$x_{ik}^a$ 表示死亡家庭成员的自有住房资产。

第二，自住房之外的其他财产，按照继承顺序由第一继承人平分，即第 $i$ 个家庭第 $j$ 个人所获得的其他财产转移额度：

$$Tb_{ij} = \begin{cases} if(d_{ik}=1 \text{ 且 } d_{ij}=0) x_{ik}^b / J_i^* \\ others0 \end{cases}$$

其中，$x_{ik}^b$ 表示第 $i$ 个家庭第 $k$ 个人其他财产总额度。由于样本中不包含第二继承人信息，这里只考虑了第一继承人。本书后续的稳健性分析将证明这对结果影响不大。

如果以家庭为单位，用最富裕家庭和最贫穷家庭的平均财产比值作为不平等的衡量指标的话，那么遗产继承前后的财产不平等分别为：①

$$G_1 = \frac{\dfrac{(\sum\limits_{i \in \text{最富的}10\%\text{家庭}} \sum\limits_{j=1}^{J_i} x_{ij})}{\sum\limits_{i \in \text{最富的}10\%\text{家庭}} J_i}}{\dfrac{(\sum\limits_{i \in \text{最穷的}10\%\text{家庭}} \sum\limits_{j=1}^{J_i} x_{ij})}{\sum\limits_{i \in \text{最穷的}10\%\text{家庭}} J_i}} \qquad (4-9)$$

① 这里反映财产不平等的公式只是用于理论解释，具体运算中的主要指标是"财产基尼系数"和"最高10%平均财产与最低10%平均财产之比"。这些指标都反映了相对不平等程度。

$$G_2 = \dfrac{\dfrac{\left(\displaystyle\sum_{i\in\text{最富的10\%家庭}}\sum_{j=1}^{J_i}\left[(x_{ij}+Ta_{ij}+Tb_{ij})(1-d_{ij})\right]\right)}{\displaystyle\sum_{i\in\text{最富的10\%家庭}}\sum_{j=1}^{J_i}(1-d_{ij})}}{\dfrac{\left(\displaystyle\sum_{i\in\text{最穷的10\%家庭}}\sum_{j=1}^{J_i}\left[(x_{ij}+Ta_{ij}+Tb_{ij})(1-d_{ij})\right]\right)}{\displaystyle\sum_{i\in\text{最穷的10\%家庭}}\sum_{j=1}^{J_i}(1-d_{ij})}} \qquad (4-10)$$

所以，在遗产继承过程中，财产不平等是否缩小取决于所继承的遗产数目与原来财产的相对大小以及不同家庭个人的死亡率。前者与家庭规模有关，去世人的子女越多，能分得的财产会比较少。死亡率越高，在一个群体中用于继承的遗产数额较高，被继承的遗产与原来初始财产的比值会比较大，容易产生更大规模的财产积累。如果进一步考虑遗产税和因为征收遗产税而产生的生活补贴，那么遗产继承之后的财产差距变成

$$G_3 = \dfrac{\dfrac{\left(\displaystyle\sum_{i\in\text{最富的10\%家庭}}\sum_{j=1}^{J_i}\left[(x_{ij}+(Ta_{ij}+Tb_{ij})(1-t_{ij}))(1-d_{ij})\right]\right)}{\displaystyle\sum_{i\in\text{最富的10\%家庭}}\sum_{j=1}^{J_i}(1-d_{ij})}}{\dfrac{\left(\displaystyle\sum_{i\in\text{最穷的10\%家庭}}\sum_{j=1}^{J_i}\left[(x_{ij}+Ta_{ij}+Tb_{ij}+s_{ij})(1-d_{ij})\right]\right)}{\displaystyle\sum_{i\in\text{最穷的10\%家庭}}\sum_{j=1}^{J_i}(1-d_{ij})}}$$

$$(4-11)$$

其中，$1-t_{ij}$ 表示第 $i$ 个家庭第 $j$ 个人获得的税后遗产比例。$s_{ij}$ 表示第 $i$ 个家庭第 $j$ 个人获得的额外补贴，理论上，这个补贴是因为政府征收遗产税而增加的额外收入。显然，遗产税能够缩小相对收入差距。

以上指标是对不同家庭之间相对不平等的反映，具体原理与其他相对不平等指标的衡量相似。对于以个人为单位的相对不平等指标，还可以补充一个影响因素：如果家庭内被继承人的初始财产是分布不匀的，那么在遗产继承中即使没有有意让穷子女继承更多的财产，也会减小不平等程度。因为此时穷人的财产中有来自富人的遗产，相对

于初始财产份额的比值较大；即使也存在富人继承穷人财产的情况，被继承人所获得遗产的比值也会比较小。这一结论与阿蒂亚斯·多恩福特和沃尔夫（Attias – Donfut & Wolff, 2000）的观点相似，该研究发现如果财产的代际转移普遍针对比较贫困的子女，那么它有可能降低不平等。

本书的模拟采用类似于遍历每个样本个体的方式进行。对于24428个样本个体，逐一根据相应年龄和性别随机判断是否死亡（理论死亡概率来自人口普查数据）。如果死亡，则将他的财产分配给相应继承人。如果没有死亡，则不处理他的初始财产（没有死亡的人可能会继承到别人的遗产）。一组模拟实际上需要运算24428次，独立重复了100组（每组模拟中，具体哪些人会死亡根据理论死亡率随机确定）。这个模拟主要是静态财产转移中的现象及影响，没有考虑财产存量在时间上的动态变化。最终报告的结果是100组模拟的平均结果。

## 4.3 遗产流向及对财富分配不公的影响

### 4.3.1 遗产流向

表4-2显示了经过模拟得到的遗产转移矩阵。简单地看，遗产的大部分来源是55~85岁的人，在总遗产贡献的比重都基本超过了20%。55岁之下的人死亡率较低，所以总的贡献比较小；85岁以上的人死亡率较高，但个人资产较低，也不能贡献太多遗产。对全社会遗产贡献最大的年龄群体是65~75岁，他们拥有较多的个人财产，而且死亡率比较高。随着时间推移，富有的人逐渐进入更老的年龄群，在未来85岁以上群体的个人财产不会低得那么离谱，这些古稀老人死去时对遗产的贡献也会逐渐变大。当全社会的年龄财产分布趋于稳定时，具体分布形态会接近发达国家不同年龄层的人均财产分布形态，此时对遗产贡献最大的年龄层应该会比现在高。

表4-2　　　遗产转移矩阵（中间数值：占每列合计值的百分比）

| | | 死亡者 | | | | | | | | 获得遗产比重 |
|---|---|---|---|---|---|---|---|---|---|---|
| | | (15, 25] | (25, 35] | (35, 45] | (45, 55] | (55, 65] | (65, 75] | (75, 85] | (85, Inf] | |
| 遗产继承者 | (15, 25] | 40.22 | 3.27 | 3.65 | 9.30 | 0.89 | 0.03 | 0.00 | 0.00 | 1.96 |
| | (25, 35] | 4.30 | 79.51 | 9.07 | 3.83 | 3.42 | 1.30 | 0.11 | 0.00 | 3.90 |
| | (35, 45] | 30.24 | 6.43 | 73.56 | 8.54 | 2.54 | 9.04 | 5.18 | 4.72 | 11.14 |
| | (45, 55] | 24.55 | 5.18 | 9.51 | 61.74 | 15.31 | 2.59 | 4.62 | 63.26 | 16.57 |
| | (55, 65] | 0.69 | 5.22 | 0.67 | 15.87 | 66.70 | 18.60 | 7.87 | 19.58 | 26.01 |
| | (65, 75] | 0.00 | 0.34 | 3.42 | 0.48 | 10.76 | 62.60 | 30.21 | 4.89 | 28.31 |
| | (75, 85] | 0.00 | 0.05 | 0.12 | 0.23 | 0.33 | 5.83 | 51.64 | 7.55 | 12.03 |
| | (85, Inf] | 0.00 | 0.00 | 0.00 | 0.01 | 0.05 | 0.02 | 0.37 | 0.00 | 0.09 |
| 遗留遗产比重 | | 0.70 | 1.93 | 7.00 | 12.19 | 23.62 | 31.22 | 18.89 | 4.45 | 100.00 |

资料来源：根据模拟计算得到。

遗产流动中，我们尤其关注其中流向子女的遗产，也就是很多文献强调的代际遗产流动。我们将遗产继承分解为三个部分：一是流向父母的遗产；二是流向配偶的遗产；三是流向子女的遗产，并统计每类遗产继承人所获得遗产的规模，具体见表4-3和图4-2。

表4-3　　　　　　遗产继承者所获得的遗产及占比

| 遗产继承者 | 全部 | 流向父母 | 流向配偶 | 流向子女 |
|---|---|---|---|---|
| (15, 25] | 10.80 | — | 94.23 | 9.08 |
| (25, 35] | 19.41 | 11.49 | 68.10 | 9.67 |
| (35, 45] | 31.42 | 43.96 | 78.81 | 16.89 |
| (45, 55] | 51.00 | 25.89 | 74.24 | 28.42 |
| (55, 65] | 72.79 | 12.33 | 82.85 | 36.15 |
| (65, 75] | 83.02 | 16.52 | 86.58 | 64.95 |
| (75, 85] | 66.67 | 8.95 | 70.01 | 100.00 |
| (85, Inf] | 15.83 | 3.95 | 92.27 | — |
| 全部样本 | 51.40 | 17.25 | 79.88 | 17.52 |

资料来源：根据模拟计算得到。这里数值的含义是，遗产继承人所获得的遗产规模与自身初始财产规模的平均比值。

103

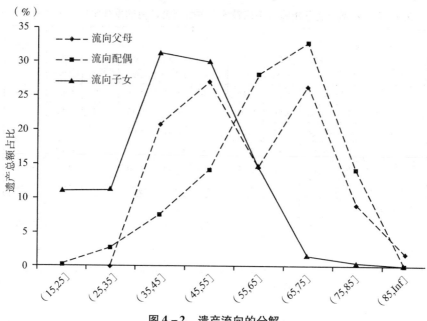

图 4 - 2　遗产流向的分解

　　经过测算，流向子女的遗产规模占全部遗产的 15%，而流向配偶的遗产规模达到了 84%，剩余是流向父母的遗产。这其中主要原因是房产在财产中的分量太大了。结合李实等（2014）和谢宇等（2014）的估计，2010 年房产在财产中的占比超过了 70%。其中非常重要的原因是较高的房价。当在遗产继承中把自主住房留给配偶继续使用时，这部分遗产流动就显得非常大了。根据估计结果，遗产继承人所继承的遗产占初始财产的平均比值达到 51%。这个数值对于不同年龄的继承者存在差异，得到遗产最多的是 55 ~ 85 岁的中老年人，他们所获得遗产与初始财产的比值均超过了 60%，遗产对这些人财产的影响非常大。不过，由于总体死亡率比较低，在一个时期内实际流动的遗产只是占据全社会总财产的 0.43%，所以，遗产继承对全社会财产分配的影响仍然有限。

　　单看流向子女的遗产转移，获得遗产的人大多数是 35 ~ 45 岁的中青年人，35 岁之下的青年人所获得的遗产也不少。他们所获得的遗产占初始财产的平均比重为 17.5%。其中 55 岁以上的比重非常高，结合图 4 - 2 可知，实际上 55 岁以上子女所获得的遗产总额是比较低的，人数也不多。所以，55 岁之上的比值没有太大参考价值。遗产流向比较大的 45～55 岁的比重有 28.42%。这个数值与一些国外的研究结果基本可以与国外的结果大体比较一下。例如，考特利克夫和萨默斯（Kot-likoff & Summers，1982）分析了美国 20 世纪 70 年代初期的财产积累数据，发现其中有 80% 来自于代际财产继承；盖尔和肖尔茨（Gale & Scholz，1994）使用 20 世纪 80 年代美国数据估计发现子女财产有 51% 来自继承，其中 31% 左右是遗产的继承。由于估算方法不同，具体数值的可比性并不强。但大体可以发现，我国子女所获得的遗产占自身财产的比重不是很高。

## 4.3.2　财产继承对财富分配的影响

遗产的继承对财富分配不公有怎样的影响呢？根据前面的理论分析，遗产继承是否扩大或减小贫富差距是不确定的，具体如何影响与实际死亡个体的分布、相应家庭的人口结构、资产规模有关系。一般情况下，遗产主要由家庭成员继承，很难跨越较大的资产组。所以，我们基本可以认为每个财产组的遗产由相同财产的其他人继承。表 4-4 显示了不同财产组的家庭特征与死亡率等信息。

从表 4-4 可知：首先，我们注意到穷人的整体死亡率相对比较高，中等偏上富人的死亡率最低，最富群体的死亡率略高。如果穷人和富人的家庭结构、子女数量等特征完全相同，那么每个人能够继承的遗产相比自己的初始财产比值较大，贫富之间的财产差距会略微缩小。其次，穷人的家庭规模较大，子女数量相对较多。在代际遗产继承方面，穷人的遗产会被分散得更加厉害。这会导致所继承遗产占原来财产的比值下降，穷人和富人的人均财产差距会拉大。由于家庭规模和子女数量的差异，遗产继承显然是扩大了财产不平等。最后，从配偶健在比例与父母健在比例看，富人的数值略高。在一次性遗产继承中，富人的遗产留给配偶和父母的比重会略高，留给子女的财产比例相比穷人会少一些。所以，如果仅看接受遗产者的财产不平等，这种结构差异不一定能够使他们之间的财产差距扩大。

实际遗产继承带来的影响会因为死亡个体的家庭结构分布有关。在本书的 100 次独立重复模拟中，每次模拟的死亡分布都是根据理论分布

表 4 - 4　　不同资产区间的家庭结构

| 资产区间 | 平均年龄 | | 平均教育年限 | | 家庭规模 | 配偶健在比例（%） | 有子女的比例（%） | 平均子女数（仅对有子女个人） | 父母任一方健在比例（%） | 平均理论死亡率 |
|---|---|---|---|---|---|---|---|---|---|---|
| | 男 | 女 | 男 | 女 | | | | | | |
| (0, 10%] | 44.06 | 43.08 | 6.91 | 5.66 | 4.38 | 0.71 | 0.72 | 1.48 | 0.68 | 6.64 |
| (10%, 20%] | 44.87 | 43.75 | 5.76 | 3.99 | 4.82 | 0.75 | 0.78 | 1.76 | 0.66 | 7.82 |
| (20%, 30%] | 44.67 | 44.55 | 5.85 | 4.18 | 4.70 | 0.75 | 0.75 | 1.69 | 0.64 | 7.53 |
| (30%, 40%] | 45.46 | 44.59 | 6.42 | 4.79 | 4.47 | 0.75 | 0.77 | 1.66 | 0.67 | 6.25 |
| (40%, 50%] | 45.59 | 45.23 | 6.85 | 5.04 | 4.32 | 0.77 | 0.80 | 1.67 | 0.65 | 6.80 |
| (50%, 60%] | 45.80 | 45.16 | 7.20 | 5.82 | 4.09 | 0.77 | 0.80 | 1.60 | 0.66 | 6.65 |
| (60%, 70%] | 46.02 | 44.82 | 8.02 | 6.54 | 3.96 | 0.78 | 0.80 | 1.57 | 0.67 | 5.79 |
| (70%, 80%] | 46.10 | 45.79 | 8.23 | 6.51 | 4.00 | 0.80 | 0.82 | 1.58 | 0.67 | 6.07 |
| (80%, 90%] | 46.70 | 45.71 | 8.72 | 7.46 | 3.72 | 0.79 | 0.82 | 1.47 | 0.70 | 6.12 |
| (90%, 100%] | 48.51 | 47.58 | 9.00 | 7.56 | 3.75 | 0.81 | 0.79 | 1.39 | 0.68 | 6.79 |

资料来源：根据 CFPS 数据计算得到。

随机生成，基本模拟了现实中可能出现的一些特殊情况。图 4 - 3
显示了在这 100 次模拟中遗产继承过程中的财产基尼系数变化情
况。这个结果与我们预期基本一致，遗产继承不一定能够扩大财
富分配不公。不过，在遗产继承过程中的多数情况下财产不平等
程度缩小了。

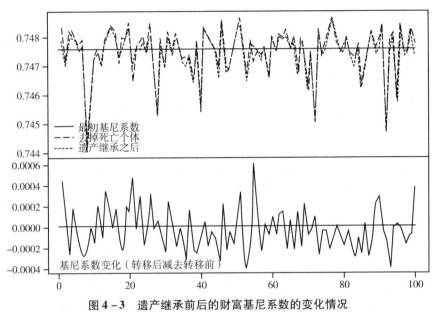

图 4 - 3　遗产继承前后的财富基尼系数的变化情况

### 4.3.3　稳健性分析

在前述假定下的结果和结论是否稳健？我们主要针对几个可能产生
争议的假设进行稳健性分析：第一，前面只是考虑了流向第一继承人的
遗产，遗漏了其他继承人，这会造成多大影响？第二，上述模型将家庭
内的财产均分，在现实情况下可能不同。

对于第一个可能引起的问题，我们主要计算了各个年龄段没有第一
继承人的人数比例和财产比例。根据表 4 - 5 的计算结果可知，各个年
龄段样本绝大部分都有第一继承人，除 85 岁以上老年人没有第一继承
人的比重超过 2% 之外，其他都在 2% 之下。而且虽然 85 岁之前老年人
有 7% 的人没有第一继承人，但这些人所持有财产的比值不足 1%。其

他年龄段内没有第一继承人的样本个体所持有的财产最高没有超过3%。总的来说，第一个争议带来的影响是很小的。

表4-5　　　　　　没有第一继承人的人数比例和财产占比

|  | 样本人数（加权） | 没有第一继承人的人数（加权） | 人数比例（%） | 财产占比（%） |
|---|---|---|---|---|
| (15, 25] | 3426 | 18 | 0.53 | 1.36 |
| (25, 35] | 3559 | 6 | 0.17 | 0.05 |
| (35, 45] | 5607 | 19 | 0.34 | 0.15 |
| (45, 55] | 4891 | 26 | 0.53 | 0.15 |
| (55, 65] | 4144 | 31 | 0.75 | 1.69 |
| (65, 75] | 2008 | 33 | 1.64 | 2.81 |
| (75, 85] | 707 | 12 | 1.70 | 2.81 |
| (85, Inf] | 86 | 6 | 6.98 | 0.87 |
| 全部 | 24428 | 143 | 0.59 | 0.77 |

资料来源：根据CFPS数据和模拟模型得到。

对于第二个争议，由于数据中仅报告了家庭资产，没有个人资产，我们在模型中将资产平均分配给了每个人。考虑到不同资产组的教育水平差别非常明显（见表4-4），我们根据教育水平首先计算每个人获取财产的能力指标，再根据家庭内能力指标的相对大小分配家庭资产。这里的"能力指标"主要反映一个人的挣钱能力，所以考虑用收入来衡量。但收入在不同时期可能波动比较大。对此，我们将收入作为被解释变量，教育水平、户籍、性别、年龄及年龄的平方作为解释变量，拟合一个线性模型。然后根据这个模型估计特定人群的能力指标。结果显示，每个变量的系数都非常显著，对挣钱能力的反映比较好，具体见表4-6。

表4-6　　　　　　　估计能力指标的回归结果

| 变量 | 系数 | 标准误差 |
|---|---|---|
| 性别 | 0.63134 | 0.02088 |
| 年龄 | 0.06314 | 0.00367 |
| 年龄平方 | -0.00081 | 0.00004 |

| 变量 | 系数 | 标准误差 |
| --- | --- | --- |
| 户籍 | 0.66302 | 0.02622 |
| 教育年限 | 0.08371 | 0.00261 |
| 常数项 | 6.50821 | 0.08739 |

说明：根据 CFPS 数据经普通最小二乘估计得到。被解释变量是个人全年总收入的对数。

　　根据能力指标为比例，重新分配家庭内部的资产以后，再重复以上模拟过程 100 次。为了增加可比性，每次模型的死亡率分布与原来相同，唯一的差别只有个人资产分布。图 4 - 4 显示了调整前和调整后遗产继承中死亡者和继承者的财产分布。可见，即使家庭内部的财产分配不均匀，以上结论仍然是稳健的。

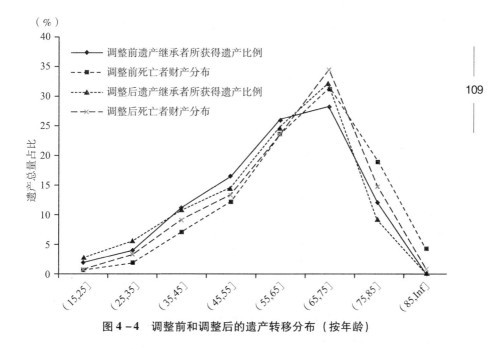

图 4 - 4　调整前和调整后的遗产转移分布（按年龄）

　　从财产不平等的变化看，如果家庭内部的财产分配是不均匀的，那么遗产继承中财产不平等下降的可能性更大，如图 4 - 5 所示。这与阿蒂亚斯·多恩福特和沃尔夫（2000）的结论大体类似。总的来说，本书的模拟结果比较稳健。

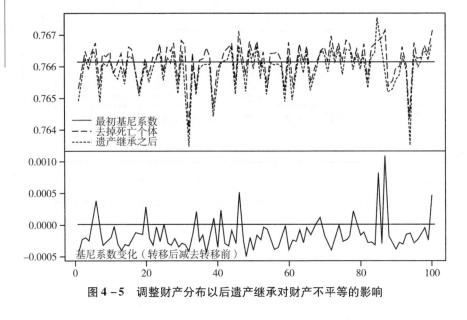

图 4 - 5　调整财产分布以后遗产继承对财产不平等的影响

## 4.4　遗产税的财富再分配效果

### 4.4.1　几个代表性税制的预设

虽然遗产继承在短期内不一定对财富分配不公带来很大影响，但是它在长期内可能使得财产积累的规模逐渐增大。正如皮凯蒂（Piketty，2014）所担忧的，财产的长期积累可能使得财产不平等逐渐扩大。为规避财富集中度过高产生的一系列经济、社会、文化等方面的问题，国外往往用遗产税来抑制过高的财富集中度以避免其带来的不良影响。

许多文献中都考虑过遗产税的影响，国外研究不乏一些定量分析，绝大多数文献都认同遗产税在促进公平分配方面的作用，如莉莉·L·巴彻尔德（2009）、皮凯蒂（2003）和伯克哈特·希尔（2001）等。目前的国内文献中定量估计遗产税效果的文献还较少。本书对于遗产税效果的估计主要基于前一部分的模拟。为了更清晰了解不同遗产税制度带来的影响差异，本书预设的遗产税税制立足三个方面：一是由于免征额不同带来的差异；二是由于税率高低不同带来的差异；三是固定比例税率与超额累进税率相比较带来的差异。我们确定的免征额包括 10 万元、100 万元、200 万元、500 万元、1000 万元。10 万元作为较低的免征额标准，1000 万元作为较高的免征额标准。税率结构包括固定比例税率和超额累进税率两大类。固定比例税率分别设定为 1%、5%、10% 和 20%。对于超额累进税率的设计，如果应纳税财产超过免征额的部分，它所适用的超额累进税率按照表 4 - 7 确定。我们将这些免征额分别与固定税率、超额累进税率进行组合，得到 25 个税制组合，分别进行模拟。最终的模拟结果是与没有遗产税税制情况下的最终财产分布进行比较。

表 4 - 7　　　　　　　　　超额累进税率的设计

| 应税财产额度 | 适用税率（%） |
|---|---|
| 0 ~ 150 万元 | 5 |
| 150 万 ~ 300 万元 | 10 |
| 300 万 ~ 500 万元 | 15 |
| 500 万 ~ 800 万元 | 20 |
| 800 万 ~ 1300 万元 | 25 |
| 1300 万 ~ 2000 万元 | 30 |
| 2000 万 ~ 3000 万元 | 35 |
| 3000 万 ~ 5000 万元 | 40 |
| 5000 万元以上 | 45 |

## 4.4.2　遗产税模拟的再分配效果

从模拟结果看，如果只是考虑遗产税的征收过程，遗产税带来的再分配效果比较微弱。但是如果可以将遗产税用于最穷的个体，那么最富与最穷的财产差距会明显改善，如表 4 - 8 所示。

表 4 - 8　　最高 10% 平均财产与最低 10% 平均财产的比值变化量　　单位：%

| 起征点 | 比例税率 | | | | 累进税率 |
|---|---|---|---|---|---|
| | 0.01 | 0.05 | 0.1 | 0.2 | |
| 100000 | 0.00038 | 0.00191 | 0.00465 | 0.00847 | 0.00418 |
| 1000000 | 0.00020 | 0.00101 | 0.00202 | 0.00404 | 0.00291 |
| 2000000 | 0.00016 | 0.00081 | 0.00162 | 0.00324 | 0.00232 |

续表

| 起征点 | 比例税率 | | | | 累进税率 |
|---|---|---|---|---|---|
| | 0.01 | 0.05 | 0.1 | 0.2 | |
| 5000000 | 0.00009 | 0.00047 | 0.00094 | 0.00188 | 0.00118 |
| 10000000 | 0.00002 | 0.00009 | 0.00018 | 0.00037 | 0.00017 |

说明：根据模拟计算得到，根据相应税制进行模拟以后，比较征税以后最高10％与最低10％平均财产比值的减小量。当数值为正时，表示最高10％与最低10％平均财产的比值下降；反之，表示比值上升。

由表4－8可知：在仅仅考虑遗产税征收的情况下，最高10％的平均财产与最低10％的平均财产最多只是下降了0.008％，对整体差距的影响都非常微弱。但如果把征收的遗产税分配给穷人，例如让最低10％的人平分遗产税税收收入，那么财产不平等将得到很好地改善。在最低起征点和最高税率下，最高10％的平均财产与最低10％平均财产的比值会下降38.5％。即使在以1000万元作为起征点，20％的税率下，也可以让最高10％平均财产与最低10％的比值减少4.2％。最富与最穷个体的财产差异明显缩小，具体见表4－9。

表4－9　　　　考虑税收转移到最穷10％个体的最高最低比值变化　　　单位：%

| 免征额 | 比例税率 | | | | 超额累进税率 |
|---|---|---|---|---|---|
| | 0.01 | 0.05 | 0.1 | 0.2 | |
| 100000 | 3.44444 | 16.27788 | 25.61048 | 38.59718 | 24.58067 |
| 1000000 | 2.07366 | 10.30852 | 16.21397 | 24.35295 | 18.17072 |
| 2000000 | 1.71244 | 8.26973 | 13.23342 | 19.33960 | 15.25635 |
| 5000000 | 0.95789 | 5.23957 | 8.97409 | 13.18107 | 10.06104 |
| 10000000 | 0.22686 | 1.14285 | 2.31099 | 4.20568 | 1.69367 |

说明：根据模拟计算得到，根据相应税制进行模拟并且将征收的税收平摊到最穷10％以后，比较征税以后最高10％与最低10％平均财产比值的减小量。当数值为正时，表示最高10％与最低10％平均财产的比值下降；反之，表示比值上升。

当然，在现实情况下很难将税收准确分配给最穷的人。不过，在理想情况下，可以通过社会保障让穷人多分享一些税收收入。如果社会保障政策能够准确实施，而且遗产税税收的增加能够提高社会保障支出的话，我们也可以估计一个再分配效果的下限——假定所有税收收入被所有人平均分配。我们主要估计了最高10％平均财产与最低10％平均财产的比值减少量,具体见表 4 - 10。

表 4 - 10    考虑税收平均转移到所有个体的最高最低比值变化    单位: %

| 免征额 | 比例税率 | | | | 超额累进税率 |
|---|---|---|---|---|---|
| | 0. 01 | 0. 05 | 0. 1 | 0. 2 | |
| 100000 | 0. 38731 | 1. 88951 | 3. 66991 | 6. 94319 | 4. 18600 |
| 1000000 | 0. 23651 | 1. 15677 | 2. 25273 | 4. 28363 | 3. 12833 |
| 2000000 | 0. 18893 | 0. 92525 | 1. 80451 | 3. 44001 | 2. 54283 |
| 5000000 | 0. 11372 | 0. 55990 | 1. 09882 | 2. 11876 | 1. 35528 |
| 10000000 | 0. 02412 | 0. 11987 | 0. 23795 | 0. 46889 | 0. 17306 |

说明:根据模拟计算得到,根据相应税制进行模拟并且将征收的税收平摊到所有人以后,比较征税以后最高 10% 与最低 10% 平均财产比值的减小量。当数值为正时,表示最高 10% 与最低 10% 平均财产的比值下降;反之,表示比值上升。

由表 4 - 10 可知:在低免征额和高税率下,最富与最穷的平均财产之比能够减小 6.9% 。在免征额为 500 万元,并且使用超额累进税率结构的话,最富与最穷的平均财产之比能够下降 2.1% 。为什么财政的支出过程能引起这么大的影响?这主要是因为穷人的财产存量本来就很小,只需要稍微增加一点,它所带来的相对增加量会非常高,对相对不平等的减缓作用比较强。

## 4.4.3    估算结果分析

我国还没实行过遗产税制度,怎么看这里的结果呢?在我们的模拟结果中,如果只是考虑征收遗产税过程,不平等的变化不算非常明显,但这并不能认为遗产税是没有用的。在资本日益向少数人积累和财产差距不断增加的大趋势下,当前调节贫富差距的任务非常重要。虽然遗产税在宏观上的效果并没有个人所得税、社会保障那么明显,但是仍可以作为调节差距的一个补充。当然,在具体的遗产税执行过程中,首先必须保证财产信息的透明和完备以及征管执行的效率,否则很可能遗漏掉一些本该缴税的大富豪,而将重点针对那些规规矩矩劳动的纳税者。如果政策执行出现扭曲,征税带来的影响将很可能是负面的。总的来说,作为未来努力的方向,在各项条件完备的前提下,我们认为遗产税具有现实意义。

# 4.5 小　　结

本章根据中国家庭跟踪调查数据（CFPS）对 2010 年的遗产继承过程进行了模拟估算，在此基础上主要对三个问题进行了分析：我国遗产继承存在怎样的特征；遗产继承对财产不平等产生怎样的影响；遗产税在缩小财产不平等方面能发挥多大的作用。根据本书的运算，我们发现以下几个方面的问题：

第一，由于房产价值在财产总量的分量比较高，遗产继承中留给配偶的比重达到 85%；其次是流向子女的遗产，占 14%；由于意外死亡而流向父母的遗产仅占 1%。流向配偶的遗产大多数被 65～75 周岁老年人接受，流向子女的遗产大多数被 35～55 岁中青年人接受。流向父母的遗产的流向相对比较分散。由于这种现象，获得遗产的人大多数是中年人。

第二，对于遗产接受人，遗产占其财产的比重达到 51%。不过，由于整体死亡率不高，遗产规模仅占全社会总财产的 0.41%。其中配偶继承人所获得遗产与初始财产的比值为 80% 左右，子女继承人和父母继承人的比值均为 17% 左右。在代际继承中，获得遗产最多的 35～45 岁的子女所获得遗产占初始财产的比值为 28% 左右。相比于其他国家的结果，这一数值并不是很高。

第三，遗产继承对不平等的影响并不确定，具体是否缩小或扩大不平等取决于实际死亡个体的家庭结构分布。从全国意义上说，与不同资产区间的死亡率、家庭规模、子女数目、财产规模等因素相关。其中，富人子女数目较少，使得遗产更容易集中到少数人，富人的财产积累速度可能快于穷人，这可能引起不平等的扩大。

第四，关于遗产税的作用。由于我国并未征收过遗产税，本书设计了 25 组遗产税制度，作为不同类型税制的参考。结果表明，单纯征收遗产税对解决财产不平等作用比较微弱。但如果能够将征收的遗产税分摊到穷人，财产的相对不平等程度会大幅缩小。

# 第5章  遗产税国际政策实践与启示

前面几章我们就遗产税的理论依据、作用机理进行了深入分析，并就我国的财富分配现状进行了遗产税公平分配效应进行了模拟，应该说遗产税在促进居民财富公平方面可以发挥作用，但仅从规范分析和实证模拟结果就推导出我国可以开征遗产税的说法毕竟不够全面，原因在于自 20 世纪 70 年代以来，包括我国香港地区（2006）在内的一些国家和地区废除了遗产税，尤其是金融危机爆发后的各国都面临经济增长低迷而财政收入捉襟见肘的情况，在这种背景下，能否一蹴而就地开征遗产税还需要思考。由于我国遗产税只在国民政府时期开征了较短的一段时间，依据较短一段时间的税制实践显然说服力不够，对于存在已经 4000 多年的遗产税来说，我们需要在梳理其历史发展脉络的基础上，分析各国遗产税政策实践状况以便找到可供我国遗产税改革的经验。

众所周知，市场经济的资源配置效率为大多数国家所认可，基于此，20 世纪下半叶以来，世界各国纷纷进行了市场取向的经济体制改革，发挥市场与政府"两只手"作用的新兴"政府市场观"逐渐被市场经济国家认同。在新兴"政府市场观"的引导下，20 世纪 80 年代以来，各国基于提高市场效率、缩小贫富差距等原因，相继进行了"宽税基、低税率"的直接税改革，并逐步演变成为全球减税风潮，在这种减税风潮下，遗产税的存废问题也成为各国争议的税制改革焦点之一。在这期间，包括中国香港地区在内的一些国家或基于投资或吸引人才等方面的需要废止或停征了遗产税。2008 年金融危机爆发后，各国为早日走出经济低谷，不仅延续了税制改革的基本态势，而且税制趋同化、政策灵活化和征管严格化的发展特征成为一种趋势。[①] 由于财富分配不公

————————

① 靳东升、孙矫：《近期世界税收变化及发展趋势的特点》，载《注册税务师》2012 年第 1 期，第 63 页。

成为一种世界性难题，以美国为代表的发达国家依然希望借助遗产税的力量促进财富公平，美国在 2011 年又复征了遗产税。

我国现行的税制设计中，包括印花税、契税、个人所得税、土地增值税在内的遗产继承或遗赠行为都进行了免税优惠。这就意味着，我国不仅没有对继承的遗产征收遗产税，而且对于可以调整遗产分配公平状况的相关税种也没有发挥作用，这无形中也会影响代际分配的公平问题。近年来，随着我国房地产市场的发展，房价一路飙升，围绕房产产生的代际分配不公问题成为制约年青一代干事创业的主要因素之一，尤其是在房地产成为我国居民的主要财产形式的今天，因房产带来的分配不公问题同样不能忽视。2013 年召开的十八届三中全会为我国今后税制改革指明了方向，明确指出，新一轮税制改革要在稳定税负的基础上，逐步降低间接税的比重而提高直接税的比重，深化直接税改革成为当前的重要议题之一。然而全球经济运行机制正发生着深刻变化，全球化和数字化浪潮日渐汹涌，使得越来越多的经济过程需要国际视角加以审视，[①] 全球税收征管合作日渐密切。在这种背景下，探索我国的税制改革不能不考虑到其他国家的经济、税制发展状况，不能不具有一定的国际视野。[②]

鉴于我国增值税的主体税种地位以及"营改增"引发的深层次财税改革问题，加之世界上约有 166 个国家征收增值税，[③] 考察与借鉴开征增值税的市场经济国家的遗产税政策实践与改革经验更具有理论价值与现实意义。据北京师范大学的研究报告显示，在目前 188 个有税收制度的国家中，有 76 个国家单独征收遗产税，有 38 个国家虽没有单独的遗产税但对遗产收入征收相关税种，有 10 个国家停征或废除了遗产税。笔者以为，我们在考察相关国家的遗产税制度时，应选择与市场经济体制国家并且征收增值税的国家，这样才具有借鉴意义。由于 OECD 和金

---

① 沃尔夫岗·朔伊布勒著，王婷婷译：《德国财政部长：税收为何选择"全球化"道路》，载《中国税务报》2014 年 11 月 19 日。

② 韩霖等：《金融危机与全球化背景下的中国税制改革——专访 OECD 税收政策和管理中心前主任杰弗里·欧文斯先生》，载《涉外税务》2013 年第 2 期，第 10 页。

③ 龚辉文：《2011 年全球增值税税率的特点》，载《中国税务报》2012 年 5 月 23 日，第 005 版。

砖国家基本上囊括了国际上主要的市场经济国家,[①] 而且除了美国外的33 个 OECD 成员国和 4 个新兴经济体国家全部征收增值税,归纳与提炼这些国家的遗产税制度改革特点对研究我国的遗产税问题更具有借鉴意义。因此,本章在对简析遗产税发展历程的基础上,主要是总结 OECD 和新兴经济体国家的遗产税政策实践以资找出可供借鉴的经验。

# 5.1 国外遗产税发展概况

## 5.1.1 古代遗产税发展概况

从遗产税的发展历程看,遗产税经历古代遗产税和近代遗产税和现代遗产税三个阶段。古代遗产税最早可以追溯至公元前 4000 年多年前的古埃及,现存的公元前 117 年一张纸上记载的古埃及的一宗诉讼案就提到了遗产税,"历史学家认为遗产税的使用不会比公元前 323 年建立的古埃及托勒密王朝更早",[②] 据有关资料显示,古埃及遗产税主要是对财产继承人征收 10% 的比例税率用于军费开支。

关于古罗马的遗产税,目前较为一直的看法是,古罗马第一任皇帝奥古斯都于公元 6 年根据恺撒遗留的法律草案制定了遗产税政策,税率为 5% 的比例税率,主要是针对罗马公民征收,其中近亲和外省的人免征,其用途也主要为军用方面的开支,如老弱士兵的养老费等,并规定丧葬费可以在税前扣除。罗马皇帝卡瑞卡拉(186～217)扩大了遗产税的征收范围,规定了除罗马公民以外的人也均应缴纳遗产税,但在戴克里先(284～305)当政期间古罗马停征了遗产税。

① OECD 的成员国包括澳大利亚、奥地利、比利时、加拿大、捷克、丹麦、芬兰、法国、德国、希腊、匈牙利、冰岛、爱尔兰、意大利、日本、韩国、卢森堡、墨西哥、荷兰、新西兰、挪威、波兰、葡萄牙、斯洛伐克、西班牙、瑞典、瑞士、土耳其、英国、美国、智利、爱沙尼亚、以色列、斯洛文尼亚 34 个国家。"金砖四国"是由高盛首席经济学家吉姆·奥尼尔于 2001 年 12 月 20 日提出的,包括巴西、俄罗斯、印度、中国;2010 年南非加入金砖四国合作机制,被称为"金砖五国",有学者将印度尼西亚也纳入金砖体系。

② 张巍:《中国需要现代化的遗产税——观德国遗产税》,浙江工商大学出版社 2014 年版,第 7 页。

中世纪的欧洲基本上很少有国家征收遗产税，直到文艺复兴时期遗产税在欧洲各国开始"复活"。意大利的各个城邦为了战争等方面的需要开始征收遗产税：热那亚于1395年起征收2%的遗产税；佛罗伦萨于1415年起征收遗产税，并对神职人员免税；威尼斯于1565年起征收5%的遗产税，规定父母、兄弟姐妹、祖父母、配偶、孩子和孙子免征遗产税，并于1573年规定了遗产税的起征点，1580年威尼斯规定捐赠给教会的遗产也征税。

从古埃及、古罗马和意大利各城邦遗产税的征收情况看，古代的遗产税基本上具备了现代遗产税的雏形，例如规定了起征点、对三代以内的血亲关系的遗产继承免税、对丧葬费进行税前扣除等。从古代遗产税的功能看，一方面可以确认继承人的产权；另一方面可以组织部分财政收入以弥补军费开支。但是从古代遗产税的税率设计和减免税政策看，遗产税更多地起到确定产权转移和信号的作用，而不是作为开征国家的主要财政收入来源。[①] 这就意味着遗产税从诞生那天起就要影响社会财富的初始分配，尽管古代遗产税的功能是用于军费开支，但在征收的同时同样会影响纳税人的财富分配状况及其消费等经济行为，但对于激励慈善捐赠等社会分配则没有体现。

## 5.1.2 近代遗产税发展概况

近代遗产税制度发端于1598年的荷兰，当时的荷兰政府为了筹集军费开征了税率为2.5%的遗产税。此后，在17世纪、18世纪和19世纪整整三个世纪以及20世纪初期，近代遗产税制度的发展仍然基本上仍然停留在为政府筹集军费等组织收入的层面上。德国的杜拉赫（1622）、汉堡（1624）、罗斯托克（1669）以及勃兰登堡（1685）等地区相继征收遗产税，其主要目的也主要是为了战时之需。英国早期的遗产税是以印花税的形式出现的，英格兰在1694年以印花税的形式率先征收遗产税并于1779年实行累进税率，爱尔兰（1774）和苏格兰（1779）也以印花税的形式征收遗产税，1780年遗产税遍及英国。1796年英国的遗产税脱离了印花税形式，对孩子、父母、配偶继承遗产的免

---

① 张永忠：《遗产税功能的演变》，载《广西财经学院学报》2012年第25卷第2期，第1~3页。

税，对兄弟姐妹和侄辈征税 2%，对叔叔、阿姨、后辈征收 3%，对没有亲戚关系和私生子征收 6%。法国 1703 年立法规定除直系血亲外的其他人继承地产要缴纳遗产税，而到 1790 年则扩大范围至直系血亲关系，地产的最高税率为 4%，其他不动产的为 1.5%，而且在税前没有任何扣除。奥地利 1759 年开征 10% 的遗产税。丹麦 1792 年开征 4% 的遗产税。瑞士最早在 1680 年征收遗产税，1798 年整个瑞士都开始征收遗产税，最低税率为 0.5%，最高税率为 5%。挪威在 1816 年征收遗产税。1830 年比利时开始征收遗产税。同时期的英国则扩大了征收范围，而且澳大利亚受英国的影响也开始征收遗产税。1882 年的俄国和 1886 年的瑞典也开始征收遗产税。

1797 年美国为了筹集海军军费开始征收遗产税，1898 年颁布了联邦遗产税法，规定 1 万美元以上的遗产要缴纳遗产税，配偶间的继承免税，孩子、兄弟姐妹适用 0.75% 的税率，侄辈征收 1.5%、叔叔阿姨征收 3%、其他人征收 5%，遗产在 2.5 万~10 万美元的适用税率为 1.5%，超过 10 万~50 万美元的适用税率为上述税率的 2 倍，遗产超过 50 万~100 万美元的，税率为上述税率的 2.5 倍，最高税率为 15%，但是直到 1916 年遗产税才成为美国联邦政府的固定税种。日本则在 1905 年也开始征收遗产税以弥补军费的不足。

与古代遗产税相比，近代遗产税的征收国家开始增多，以英、美、日等为代表的发达国家也开始普遍征收遗产税，但与古代遗产税类似的是近代遗产税的开征动因同样源于补充战争开支的需要。

## 5.1.3　现代遗产税发展概况

随着各国市场化进程的加快，市场分配产生的贫富差距问题逐渐显现，在市场自身无法消化的情况下，越来越多的国家更多地借助税收的再分配手段，通过政府分配削减市场分配产生的财富不公。在这种背景下，与古代和近代遗产税不同的是，现代遗产税的财政收入功能弱化、公平分配作用逐渐显现，尤其是进入 20 世纪 50 年代以后，无论是原来已经开征遗产税的国家还是新征收该税种的国家，其征收遗产税的目的基本上都转向了公平分配。例如，韩国 1950 年同时开征了遗产税和赠与税，1952 年将赠与税并入了遗产税；日本为了抑制财富向部分财团集中，

1951 年、1953 年和 1958 年进行了遗产税改革，并附征了赠与税。[①]

进入 20 世纪 80 年代后，为促进经济增长，各国纷纷采取减税政策，形成波及全球的减税风潮并延续至今。少数国家出于减税的需要停征或废除了遗产税，主要包括塞浦路斯、巴拿马、斯洛伐克、瑞典、新加坡、危地马拉、奥地利、列支敦士登，征收现代遗产税大多数国家对财产所有者死后的财产进行课税，但具体到税种而言，并不是所有的国家都称其为遗产税（含赠与税），一些国家针对财产转移的行为征收印花税，或者是资本利得税，抑或遗嘱认证税。例如，马耳他对转让不动产和在马耳他注册公司的股票需要缴纳转让时的印花税，巴布亚新几内亚、百慕大群岛主要是针对逝者转移的财产征收印花税，泽西岛和爱尔兰则征收遗嘱认证税，以色列则征收资本利得税。这些税种虽然不是遗产税，但同样是对遗产行为课税。表 5-1 反映了 2014 年全球遗产税的开征状况。

表 5-1　　　　　2014 年遗产税征收国家（地区）的分布情况

| 遗产税分组情况 | | 国家（地区）观测数 | 实际征收遗产税国家（地区）数量 | 占比（%） |
|---|---|---|---|---|
| 总体 | | 188 | 115 | 61.17 |
| OECD 国家 | | 34 | 32 | 94.12 |
| 大洲分布状况 | 亚洲 | 47 | 25 | 53.19 |
| | 欧洲 | 50 | 39 | 78.0 |
| | 非洲 | 45 | 26 | 57.78 |
| | 北美洲 | 26 | 12 | 46.15 |
| | 南美洲 | 12 | 10 | 83.33 |
| | 大洋洲 | 8 | 3 | 37.5 |
| 收入分布 | 低收入 | 21 | 7 | 33.33 |
| | 下中等收入 | 42 | 28 | 66.67 |
| | 上中等收入 | 46 | 33 | 71.74 |

资料来源：刘浩等：《遗产税制度及其对我国收入分配改革的启示》，以及 OECD 网站资料整理而得。

---

① 王旭：《从日本遗产税税制看我国遗产税税制设计》，载《经济视角》2013 年第 9 期，第 98~99 页。

从表 5 - 1 可知，根据北京师范大学收入分配研究院课题组（2013）年的研究，在课题组观测到的 188 个国家中有 114 个国家征收遗产税或类似遗产税的税种，由于 OECD 国家中的葡萄牙等国家遗产税做了调整，因此，我们认为应该有 115 个国家征收遗产税，即 34 个 OECD 国家中有 32 个国家征收实际遗产税，占到了 OECD 国家的绝大多数。从分布地区看，对遗产继承或财产赠与课税的国家遍及亚洲、美洲、欧洲、非洲和大洋洲五大洲；从收入层面看，下中等收入 66.67% 以上的国家都实际征收的遗产税。[①] 由此可见，尽管遗产税的存废之争由来已久，但大多数国家仍将其作为调节贫富差距的政策工具之一。

## 5.2　主要市场经济国家遗产税政策实践

正如前面所分析的，相较其他税种，遗产税在世界各国的存废之争最为激励，如发达国家的代表 OECD 国家中，美国在经历了 2010 的停止遗产税而又在 2011 年复征后，关于遗产税的存废之争在美国各界一直存在，以巴菲特为代表的富人认为不能停止遗产税，这样会导致后人的颓废和坐吃山空而不利于经济增长和社会公平；葡萄牙在停止了遗产税后 2012 年又复征了遗产税，而挪威则于 2014 年停征了遗产税。OECD 国家遗产税的变化也可以管窥遗产税的存废之争一直在市场分配正义和政府分配正义以及社会分配正义之间摇摆，也就是在效率和公平之间摇摆。取消遗产税的国家往往是基于促进资源优化配置以促进经济增长的理由，而坚持征收遗产税的国家则基于公平分配和融资的理由。因此，有必要分析主要市场经济国家的遗产税政策实践以分析其施政效果，找出可资我国遗产税改革借鉴的经验。

### 5.2.1　OECD 国家遗产税政策实践

**1. OECD 国家征收遗产税的概况**

首先，从遗产税的分布状况看，绝大多数国家征收遗产税或者征收

---

　　① 北京师范大学收入分配研究院课题组：《遗产税制度对中国收入分配改革的启示》，载《东方早报》2013 年 3 月 12 日，第 010 版。

以类似遗产税的遗产转移税，并且以分遗产税为主。

目前 OECD 国家基本上囊括了国际上的主要发达国家，截止到 2014 年，OECD 国家包括澳大利亚、奥地利、比利时、加拿大、捷克、丹麦、芬兰、法国、德国、希腊、匈牙利、冰岛、爱尔兰、意大利、日本、韩国、卢森堡、墨西哥、荷兰、新西兰、挪威、波兰、葡萄牙、斯洛伐克、西班牙、瑞典、瑞士、土耳其、英国、美国、智利、爱沙尼亚、以色列、斯洛文尼亚 34 个国家，其中既有英美等老牌资本主义国家，也有芬兰、丹麦等北欧国家。由于这些国家是较早进行市场经济体制改革的国家，尤其是自 20 世纪 80 年代以来这些国家率先进行减税改革以避免税收扭曲市场，除个别国家停征了遗产税外，依然有 32 个国家对遗产收入课税，而且征收遗产税的国家基本上征收赠与税，如表 5-2 所示。

表 5-2　　　　　　OECD 国家有关遗产税（赠与税）课税的情况

| 国家 | 遗产税（赠与税）的征税对象 | 遗产税（赠与税）的税率 | 遗产税的类型 |
|---|---|---|---|
| 1. 美国 | 个人遗留的全部财产（含 3 年前转移的），扣除慈善捐赠、婚姻和丧葬费、管理费、死者未偿还的债务等费用；同时征收赠与税。 | 遗产税和赠与税的税率均为 18%～35% 的 12 级超额累进税率。 | 联邦总遗产税各州分遗产税 |
| 2. 英国 | 遗留财产和生前对继承人的全部赠与，征收赠与税，并且生前 7 年以内的赠与计入遗产。 | 40% 的单一比例税率。 | 总遗产税 |
| 3. 韩国 | 个人遗留的全部财产，扣除丧葬、债务、对政府捐赠、对慈善、宗教、学术等的捐赠、住房、农场等费用；征收赠与税。 | 遗产税和赠与税的税率均为 10%～50% 的 5 级超额累进税率。 | 分遗产税 |
| 4. 日本 | 纳税人继承的全部财产（含 3 年前的被继承人生前赠与），扣除慈善、宗教、学术或公益事业财产、被继承人的债务和丧葬费用等。 | 遗产税和赠与税的税率均为 10%～55% 的 6 级超额累进税率。 | 分遗产税 |
| 5. 德国 | 继承的财产，扣除因亲疏关系不同的纳税人的免税额、慈善捐赠等；同时征收赠与税，两者税率相同。 | 不同纳税人适用不同的累进税率，最低边际税率 7%，最高 50%。 | 分遗产税 |

| 国家 | 遗产税（赠与税）的征税对象 | 遗产税（赠与税）的税率 | 遗产税的类型 |
|---|---|---|---|
| 6. 波兰 | 继承的受益金额，扣除因亲疏关系而不同、不动产、农场、农具等；同时征收赠与税，两者税率相同。 | 不同纳税人适用不同的累进税率，最低边际税率 3%，最高 20%。 | 分遗产税 |
| 7. 芬兰 | 继承的财产价值，扣除因亲疏关系而不同；同时征收赠与税，两者税率相同，但级距不同。 | 不同纳税人适用不同的累进税率，最低边际税率 7%，最高 32%。 | 分遗产税 |
| 8. 意大利 | 2001 年停征，2007 年复征。继承的受益金额，扣除因亲疏关系不同；同时征收赠与税，两者税率相同。 | 不同纳税人适用不同的比例税率，最低边际税率 4%，最高 8%。 | 混合遗产税 |
| 9. 法国 | 继承的受益金额，扣除因亲疏关系而不同；同时征收赠与税，两者税率相同。 | 不同纳税人适用不同的累进税率，最低边际税率 5%，最高 45%。 | 分遗产税 |
| 10. 荷兰 | 继承的受益金额，扣除因亲疏关系而不同；同时征收赠与税，两者税率相同。 | 不同纳税人适用不同的累进税率，最低边际税率为 10%，最高为 40%。 | 分遗产税 |
| 11. 爱尔兰 | 继承的受益金额，扣除因亲疏关系而不同；同时征收赠与税，两者税率相同。 | 统一比例税率，30%。 | 分遗产税 |
| 12. 比利时 | 继承的受益金额，扣除因亲疏关系而不同；同时征收赠与税，两者税率相同。 | 不同纳税人适用不同的累进税率，最低边际税率为 3%，最高为 80%。 | 分遗产税 |
| 13. 捷克* | 继承的财产价值，扣除因亲疏关系而不同，2015 年提高了受益人的扣除额，不动产和金融工具的扣除额由 2 万克朗提高到 5 万克朗；同时征收赠与税，两者税率不同。 | 遗产税税率 3.5% ~20% 超额累进税率，赠与税税率为其 7% ~40%；2015 年后遗产税税率 9.5%，赠与税税率为 19%。 | |
| 14. 丹麦 | 继承的财产价值，扣除因亲疏关系而不同；同时征收赠与税，两者的税率基本相同，非亲属受赠征所得税。 | 不同纳税人适用不同的比例税率。亲属间税率的为 15%，非亲属间的为 36.25%（测算数）。 | 总遗产税分遗产税 |
| 15. 西班牙 | 继承的财产价值，扣除因亲疏关系而不同。 | 7.65% ~ 34% 的超额累进税率。 | 分遗产税 |
| 16. 葡萄牙 | 2004 年取消，2012 年复征。 | | |

| 国家 | 遗产税（赠与税）的征税对象 | 遗产税（赠与税）的税率 | 遗产税的类型 |
|---|---|---|---|
| 17. 瑞士 ** | 联邦政府没有遗产税，除了施维茨州外的各州均有遗产税；继承的受益金额，扣除因亲疏关系而不同。 | 不同纳税人适用不同的累进税率，最低边际税率为 0，最高为 50%，拟征 20% 的联邦遗产税。 | 分遗产税 |
| 18. 卢森堡 | 继承的财产价值，扣除因亲疏关系而不同。 | 不同纳税人适用不同的累进税率；最低边际税率为 2.2%，最高为 48%。 | 分遗产税 |
| 19. 匈牙利 | 继承的财产价值，扣除因亲疏关系而不同；同时征赠与税，两者税率相同。 | 不同纳税人适用不同的累进税率；最低边际税率为 2.5%，最高为 40%。 | 分遗产税 |
| 20. 冰岛 *** | 遗留的财产价值，扣除因亲疏关系而不同，无赠与税，但赠与征所得税。 | 统一比例税率：5%。 | |
| 21. 希腊 | 继承的受益金额，扣除因亲疏关系而不同；同时征收赠与税，两者税率相同。 | 不同纳税人适用不同的累进税率；最低边际税率为 0，最高为 40%。 | 分遗产税 |
| 22. 智利 | 继承的财产价值，扣除因亲疏关系而不同；同时征收赠与税，两者税率相同。 | 不同纳税人适用不同的累进税率；最低边际税率为 1%，最高为 35%。 | 分遗产税 |
| 23. 土耳其 | 继承的财产价值，扣除因亲疏关系而不同；同时征收赠与税，两者税率不同。 | 不同纳税人适用不同的累进税率；遗产税的最低边际税率为 1%，最高为 10%；赠与税率为 10%～30%。 | 分遗产税 |
| 24. 斯洛文尼亚 | 继承的财产价值，扣除因亲疏关系而不同；同时征收赠与税，两者税率相同。 | 不同纳税人适用不同的累进税率；最低边际税率为 5%，最高为 39%。 | 分遗产税 |
| 25. 加拿大 | 1972 年停征了遗产税，但有遗嘱证照税、资本增值税。 | | |
| 26. 澳大利亚 **** | 1979 年取消了遗产税，但对遗赠财产的增值部分征收资本增值税。 | 资本增值税率为：19%～45% 的超额累进税率。 | |
| 27. 以色列 | 1981 年取消了遗产税，但对继承的房产征收房产转移税；房产转移税的扣除额因亲疏而不同。 | | |

| 国家 | 遗产税（赠与税）的征税对象 | 遗产税（赠与税）的税率 | 遗产税的类型 |
|---|---|---|---|
| 28. 新西兰 | 1992 年取消了遗产税，但对遗赠财产征收赠与税。 | | |
| 29. 斯洛伐克 | 2004 年取消了遗产税，同时也无赠与税等遗产转移税。 | | |
| 30. 瑞典***** | 2004 年取消了遗产税和赠与税。 | 2014 年瑞典蓝领工会建议重征遗产税。 | |
| 31. 奥地利 | 2008 年取消了遗产税，但对继承的房产征收房产转移税；房产转移税的扣除额因亲疏而不同。 | 直系亲属的房产税率为 2%，其他人为 3.5%。 | |
| 32. 挪威****** | 2014 年取消了遗产税，但保留了赠与税。 | 赠与税的税率为 6% ~ 15% 的超额累进税率。 | |
| 33. 爱沙尼亚 | 无遗产税，但对遗赠财产的增值部分征收资本增值税。 | | |
| 34. 墨西哥 | 没有遗产税，但有遗产赠与所得税。 | | |

注：＊国家税务总局网站，chinatax. gov. cn/2013/n1586/n1904/n1933/n31845/n31866/n31869/c310305/content. html。

＊＊中国国际税收研究会：《世界税收发展研究报告（2011 年)》，中国税务出版社2012 年版，第 62 页。

＊＊＊云南地税局网站，http：//www. ltax. yn. gov. cn/portal/site/site/portal/ynds/nrpage. portal? contentId = 92629B5ABEF3F68AA6356383176EB1A3&categoryId = 0B5FE578EEE98A6AB811C6110F081F93。

＊＊＊＊1976 年昆士兰州取消了州遗产税，1978 年联邦政府宣布取消遗产税，1979 年澳大利亚正式取消遗产税。

＊＊＊＊＊瑞典取消了遗产税和赠与税，http：//www. citri. org. cn/wtax/newshtml/200501/20060222180548. htm。

＊＊＊＊＊＊挪威 2014 年预算中的税收内容，国家税务总局网站，http：//www. chinatax. gov. cn/2013/n31886/n37074/n37075/c699073/content. html。

资料来源：根据相关网站和解学智、张志勇主编的《世界税制现状与趋势（2014)》一书整理而得。

从表5－2可知：一是从 OECD 国家中开征遗产税的分布状况看，OECD 国家中有 32 个国家对遗产转移征收遗产税或类似遗产税的转移税或印花税，占比为 94.1%，这与北师大收入分配研究组的研究结果相同，不同的是 2012 年后葡萄牙恢复征收遗产税，2014 年挪威停止了遗产税。其中，征收遗产税的国家有美国、英国、日本、德国、法国、韩国、意大利、比利时、波兰、芬兰、荷兰、爱尔兰、捷克、丹麦、西班牙、葡萄牙、匈牙利、瑞士、卢森堡、冰岛、智利、土耳其和斯洛文尼亚等24个国家，占比为70.6%，在这些国家中的捷克从2015年起将遗产税的超额累进税率改为9.5%的单一比例，而且一并调整了赠与税的税率；不征收遗产税但对转移遗产征收遗产转移税的有加拿大、澳大利亚、新西兰、爱沙尼亚、以色列、墨西哥、奥地利和挪威等8个国家，占比23.5%；没有遗产税也不征收遗产转移税的有瑞典和斯洛伐克两个国家，占比5.9%。由此可知绝大多数的OECD国家都征收遗产税，即使是在2008年金融危机后，尽管一些国家降低了遗产税的征收幅度，但以法国和日本为代表的国家反而提高了遗产税的税负水平。二是在OECD国家中，除了美国、英国、丹麦3个国家征收总遗产税外，其他征收遗产税的20个国家如日本、韩国、比利时、德国、法国、荷兰、芬兰、波兰、爱尔兰、捷克、西班牙、葡萄牙等主要以分遗产税为主。应该说在OECD国家中分遗产税制度成为主要课税模式，其主要原因在于分遗产税与总遗产税和混合遗产税相比对征管水平的要求相对较低，而且能够考虑到遗赠者的亲疏关系，更有助于人们的接收。

其次，从OECD国家遗产税的收入状况看，尽管32个OECD国家征收遗产税或类似遗产税，但遗产税收入规模较小，占全部税收收入的比重较低，基本上在0.4%左右，这说明其财政意义不大。表5-3显示了2000~2012年OECD国家遗产税和赠与税占各国税收收入的比重情况。

从表5-3可知，OECD国家中遗产税和赠与税占税收收入的比重在1%以上的国家仅仅有2002年前的美国、日本、法国和2006年以后的韩国，究其原因在于这4个国家的遗产税税负水平相对较高，都采用了较高的遗产税超额税率，法国和日本还相继提高了遗产税的边际税率。如此低的税收收入就财政收入的意义而言，遗产税的财政意义不大，更多的是社会意义。

再次，从遗产税的扣除费用看，OECD国家的税前减免主要包括对人和对物的免征两者。对人的免征方面主要是考虑与被继承人的亲疏关系，凡是征收遗产税的国家一般都会根据继承人与被继承人关系的不同规定不同的免征额；对物的减免主要是看课税对象的特殊性，一般包括文化遗产或者房地产等，各国的规定也不尽相同。以美国为例，2011年、2012年和2013年美国遗产税年度免征额分别为500万美元、512

表 5 - 3　　2000～2012 年 OECD 国家遗产税和赠与税占税收收入的比重

| 年份 | 2000 | 2001 | 2002 | 2003 | 2004 | 2005 | 2006 | 2007 | 2008 | 2009 | 2010 | 2011 | 2012 |
|---|---|---|---|---|---|---|---|---|---|---|---|---|---|
| 1. 美国 | 1.22 | 1.228 | 1.184 | 0.99 | 0.996 | 0.888 | 0.891 | 0.816 | 0.911 | 0.746 | 0.556 | 0.388 | 0.637 |
| 2. 英国 | 0.624 | 0.649 | 0.64 | 0.617 | 0.685 | 0.704 | 0.739 | 0.766 | 0.631 | 0.501 | 0.517 | 0.542 | 0.576 |
| 3. 韩国 | 0.726 | 0.632 | 0.512 | 0.714 | 0.888 | 0.903 | 1.05 | 1.099 | 1.02 | 0.894 | 1.046 | 1.042 | 1.179 |
| 4. 日本 | 1.309 | 1.243 | 1.133 | 1.136 | 1.103 | 1.135 | 1.062 | 1.027 | 1.042 | 1.056 | 0.944 | 1.088 | — |
| 5. 德国 | 0.389 | 0.402 | 0.398 | 0.439 | 0.557 | 0.526 | 0.456 | 0.479 | 0.529 | 0.513 | 0.488 | 0.441 | 0.429 |
| 6. 波兰 | 0.071 | 0.086 | 0.074 | 0.071 | 0.079 | 0.075 | 0.071 | 0.08 | 0.079 | 0.073 | 0.065 | — |  |
| 7. 芬兰 | 0.59 | 0.617 | 0.704 | 0.64 | 0.713 | 0.703 | 0.695 | 0.594 | 0.817 | 0.596 | 0.509 | 0.479 | 0.6 |
| 8. 意大利 | 0.2 | 0.184 | 0.13 | 0.061 | 0.025 | 0.01 | 0.007 | 0.022 | 0.057 | 0.059 | 0.072 | 0.075 | 0.084 |
| 9. 法国 | 1.074 | 1.101 | 1.06 | 1.069 | 1.189 | 1.186 | 1.042 | 1.076 | 0.933 | 0.925 | 0.927 | 0.976 | 1.039 |
| 10. 荷兰 | 0.897 | 0.766 | 0.972 | 0.831 | 0.827 | 0.866 | 0.858 | 0.85 | 0.77 | 0.828 | 0.753 | 0.665 | — |
| 11. 爱尔兰 | 0.683 | 0.495 | 0.416 | 0.539 | 0.428 | 0.507 | 0.611 | 0.665 | 0.656 | 0.574 | 0.552 | 0.548 | 0.611 |
| 12. 比利时 | 0.097 | 0.977 | 0.975 | 1.057 | 1.208 | 1.297 | 1.387 | 1.402 | 1.444 | 1.396 | 1.481 | 1.511 | 1.608 |
| 13. 捷克 | 0.076 | 0.082 | 0.084 | 0.089 | 0.058 | 0.065 | 0.067 | 0.035 | 0.019 | 0.018 | 0.017 | 0.33 | 0.249 |
| 14. 丹麦 | 0.447 | 0.416 | 0.385 | 0.403 | 0.446 | 0.402 | 0.426 | 0.469 | 0.566 | 0.462 | 0.451 | 0.547 | 0.439 |
| 15. 西班牙 | 0.629 | 0.594 | 0.59 | 0.634 | 0.664 | 0.73 | 0.716 | 0.731 | 0.795 | 0.801 | 0.696 | 0.643 | 0.659 |
| 16. 葡萄牙 | 0.262 | 0.221 | 0.239 | 0.233 | 0.059 | 0.144 | 0.045 | 0.018 | 0.015 | 0.001 | 0.157 | 0 | 0.482 |
| 17. 瑞士 | 0.956 | 0.913 | 1.023 | 0.736 | 0.862 | 0.671 | 0.593 | 0.58 | 0.548 | 0.624 | 0.606 | 0.517 | 0.525 |
| 18. 卢森堡 | 0.267 | 0.265 | 0.344 | 0.485 | 0.397 | 0.387 | 0.39 | 0.348 | 0.382 | 0.372 | 0.337 | 0.275 | 0.424 |

续表

| 年份 | 2000 | 2001 | 2002 | 2003 | 2004 | 2005 | 2006 | 2007 | 2008 | 2009 | 2010 | 2011 | 2012 |
|---|---|---|---|---|---|---|---|---|---|---|---|---|---|
| 19. 匈牙利 | 0.106 | 0.115 | 0.135 | 0.121 | 0.163 | 0.19 | 0.178 | 0.131 | 0.106 | 0.091 | 0.062 | 0.063 | 0.051 |
| 20. 冰岛 | 0.301 | 0.246 | 0.267 | 0.238 | 0.253 | 0.208 | 0.196 | 0.313 | 0.215 | 0.324 | 0.484 | 0.221 | 0.303 |
| 21. 希腊 | 0.801 | 0.747 | 0.643 | 0.449 | 0.401 | 0.416 | 0.314 | 0.309 | 0.199 | 0.209 | 0.23 | 0.183 | — |
| 22. 智利 | 0.138 | 0.205 | 0.286 | 0.122 | 0.135 | 0.163 | 0.129 | 0.138 | 0.177 | 1.206 | 0.081 | 0.12 | 0.245 |
| 23. 土耳其 | 0.038 | 0.04 | 0.039 | 0.052 | 0.046 | 0.056 | 0.064 | 0.061 | 0.063 | 0.072 | 0.075 | 0.07 | 0.075 |
| 24. 加拿大 | 0.001 | 0 | 0 | 0 | 0 | 0 | 0 | 0 | 0 | 0 | 0 | 0 | 0 |
| 25. 新西兰 | 0.005 | 0.002 | 0.002 | 0.004 | 0.004 | 0.005 | 0.003 | 0.005 | 0.002 | 0.003 | 0.003 | 0 | — |
| 26. 澳大利亚 | 0 | 0 | 0 | 0 | 0 | 0 | 0 | 0 | 0 | 0 | 0 | 0 | 0 |
| 27. 爱沙尼亚 | 0 | 0 | 0 | 0 | 0 | 0 | 0 | 0 | 0 | 0 | 0 | 0 | 0 |
| 28. 以色列 | 0 | 0 | 0 | 0 | 0 | 0 | 0 | 0 | 0 | 0 | 0 | 0 | 0 |
| 29. 墨西哥 | 0 | 0 | 0 | 0 | 0 | 0 | 0 | 0 | 0 | 0 | 0 | 0 | 0 |
| 30. 奥地利 | 0.124 | 0.172 | 0.154 | 0.161 | 0.153 | 0.135 | 0.123 | 0.136 | 0.113 | 0.099 | 0.029 | 0.026 | 0.016 |
| 31. 挪威 | 0.202 | 0.202 | 0.188 | 0.227 | 0.22 | 0.209 | 0.218 | 0.26 | 0.183 | 0.243 | 0.219 | 0.15 | 0.154 |
| 32. 瑞典 | 0.219 | 0.222 | 0.257 | 0.205 | 0.2 | 0.081 | 0.008 | 0.002 | 0.001 | 0 | 0.001 | 0 | 0 |
| 33. 斯洛文尼亚 | 0.026 | 0.031 | 0.03 | 0.043 | 0.038 | 0.044 | 0.048 | 0.067 | 0.08 | 0.084 | 0.101 | 0.073 | 0.07 |
| 34. 斯洛伐克 | 0.077 | 0.074 | 0.074 | 0.058 | 0.028 | 0.004 | 0.002 | 0.001 | 0 | 0 | 0 | 0 | 0 |
| OECD平均 | 0.395 | 0.38 | 0.381 | 0.365 | 0.77 | 0.374 | 0.365 | 0.367 | 0.3636 | .0376 | 0.34 | 0.324 | — |

资料来源：OECD网站。表中的遗产税和赠与税不包括对遗产转移征收的遗嘱证照税、资本增值税以及房产转移税等。因此，表中的加拿大、澳大利亚、新西兰、爱沙尼亚、以色列、墨西哥的占比为0；瑞典和斯洛伐克原来征收遗产税，但后来取消了遗产税，因此后几年的比重为0。

万美元和 525 万美元。此外，美国还规定了税收抵免项目，包括统一抵免和其他抵免。统一抵免指纳税人一生可以抵免的遗产税和赠与税的数额，该抵免可以在纳税人一生中的任何时候包括死亡时使用，用完为止。2011 年、2012 年和 2013 年美国遗产税和赠与税的统一抵免额分别为 173.08 万美元、177.28 万美元和 100 万美元。由此可知，各国计算遗产税时的扣除额各有千秋，主要是要适合本国的国情。

最后，从遗产税的税率设计看，各国主要是采取超额累进税率，与比例税率相比，累进税率更有利于公平分配。从表 5-3 各国的遗产税和赠与税税收收入规模看，税收收入占比高的主要是采用较高超额累进税率的国家。表 5-4 主要反映了美国、韩国、日本和法国四国近年来的遗产税税率的详细情况。

表 5-4　　　　　　　　典型国家的遗产税和赠与税税率表

| 美国遗产税率表（2013 年） | | |
|---|---|---|
| | 转让的应税财产价值（美元） | 税率（％） |
| 1 | 不超过 1 万的部分 | 18 |
| 2 | 超过 1 万不超过 2 万的部分 | 20 |
| 3 | 超过 2 万不超过 4 万的部分 | 22 |
| 4 | 超过 4 万不超过 6 万的部分 | 24 |
| 5 | 超过 6 万不超过 8 万的部分 | 26 |
| 6 | 超过 8 万不超过 10 万的部分 | 28 |
| 7 | 超过 10 万不超过 15 万的部分 | 30 |
| 8 | 超过 15 万不超过 25 万的部分 | 32 |
| 9 | 超过 25 万不超过 50 万的部分 | 34 |
| 10 | 超过 50 万不超过 75 万的部分 | 37 |
| 11 | 超过 75 万不超过 100 万的部分 | 39 |
| 12 | 超过 100 万的部分 | 40 |
| 韩国的遗产税率表 | | |
| 级数 | 应纳税遗产额、赠与额（韩元） | 税率（％） |
| 1 | 不超过 1 亿的部分 | 10 |
| 2 | 超过 1 亿不超过 5 亿的部分 | 20 |
| 3 | 超过 5 亿不超过 10 亿的部分 | 30 |
| 4 | 超过 10 亿不超过 30 亿的部分 | 40 |
| 5 | 超过 30 亿的部分 | 50 |

续表

| 日本的遗产税率表（2015 年） | | |
|---|---|---|
| 级数 | 应税遗产税（日元） | 税率（%） |
| 1 | 不超过 1000 万的部分 | 10 |
| 2 | 超过 1000 万不超过 3000 万的部分 | 15 |
| 3 | 超过 3000 万不超过 5000 万的部分 | 20 |
| 4 | 超过 5000 万不超过 10000 万的部分 | 30 |
| 5 | 超过 10000 万不超过 30000 万的部分 | 40 |
| 6 | 超过 30000 万不超过 60000 万的部分 | 50 |
| 7 | 超过 60000 万的部分 | 55 |
| 法国的遗产税率表 | | |
| 级数 | 应税遗产税（欧元） | 7 级超额累进税率（%） |
| 1 | 不超过 8072 欧元的部分 | 5 |
| 2 | 超过 8072 欧元不超过 12109 欧元的部分 | 10 |
| 3 | 超过 12109 欧元不超过 15932 欧元的部分 | 15 |
| 4 | 超过 15932 欧元不超过 552324 欧元的部分 | 20 |
| 5 | 超过 552324 欧元不超过 902838 欧元的部分 | 30 |
| 6 | 超过 902838 欧元不超过 1805677 欧元的部分 | 40 |
| 7 | 超过 1805677 欧元的部分 | 45 |

资料来源：根据 OECD 网站资料整理而得。

从表 5 - 4 可知，上述四国的遗产税的最高边际税率均在 40% 以上，而且都是超额累进税率，从税收经济学的原理来说，超额累进税率本身就比比例税率更有助与公平分配。以美国为例，在 1916 年将遗产税作为美国的一个永久性税种后，1916 ~ 1976 年间，最高边际税率从 10% 上升至 77%，这段时间美国的遗产税主要体现为避免财富的过度集中，例如老洛克菲勒 70% 的财产成为政府的遗产税收入，因此，美国这一阶段的遗产税主要是以政府分配为主。由于政府分配的力度过大从而影响了中资产阶级的市场分配，因此，在 1977 ~ 2001 年之间，其遗产税的最高边际税率呈现逐步下降而免征额逐步上升的趋势。同时，美国关于遗产税的存废之争也就此拉开序幕。2001 年后遗产税的最高边际税率呈下降趋势，如表 5 - 5 所示。

表5-5　　　2001～2013年美国遗产税最高边际税率和个人免征额

| 年份 | 最高边际税率（%） | 个人免征额（万美元） | 隔代资产转让个人免征额（万美元） |
|------|------------------|---------------------|----------------------------------|
| 2001 | 55 | 67.5 | 106 |
| 2002 | 50 | 100 | 110 |
| 2003 | 49 | 100 | 112 |
| 2004 | 48 | 150 | 150 |
| 2005 | 47 | 150 | 150 |
| 2006 | 46 | 200 | 200 |
| 2007 | 45 | 200 | 200 |
| 2008 | 45 | 200 | 200 |
| 2009 | 34 | 350 | 350 |
| 2010 | 0 | 免征遗产税 | 免征遗产税 |
| 2011 | 35 | 500 | 500 |
| 2012 | 35 | 508 | 512 |
| 2013 | 40 | 525 | 525 |

从表5-5可知，美国遗产税的税率经历了由低到高，由高到低，再由低到高的变化趋势，这种变化与公平分配是密切相关的，当社会贫富差距过大时，美国政府往往会提高税率并降低免征额，当遗产税损害市场效率时，往往会降低最高税率并提高免征额。从目前来看，美国的遗产税基本上是富人税，基本上是1%的美国家庭缴纳了90%以上的遗产税。再如2013年，夫妇二人继承遗产税的免征额高达1050万美元，以美国1.2亿个左右的家庭来说仅有600万家庭户均财产，达到600万美元，占美国家庭总比的5%，而其财产在1000万美元的家庭则不到1%，① 因此，遗产税与美国绝大多数家庭是无缘的。

### 2. OECD国家遗产税的政策效果

（1）OECD国家遗产税的市场分配效应。在OECD国家中体现出不同的特点，加拿大（1972）、澳大利亚（1978）、以色列（1981）、新西兰（1992）、斯洛伐克（2004）、瑞典（2004）、奥地利（2008）和挪威（2014）8个国家出于市场分配正义的考虑取消了遗产税，但是除了瑞

① 沈秋莎：《遗产税在美国》，载《陆家嘴》2013年12月2日。

典和斯洛伐克两个国家没有征收财产转移税或资本增值税外，其他六国仍然保持了代际转移间的财产转移税。墨西哥和爱沙尼亚两个国家虽然没有征收遗产税，但是有财产转移税或增值税，这与我国目前继承和遗赠没有课征任何税种是不同的。即使是不征收遗产税和赠与税的瑞典来说，其直接税的比重是远远高于我国的。其他 24 个国家在较长的一段历史时期内保留的遗产税，如意大利和葡萄牙经过短暂的停征后仍然又恢复征收。当然在这些国家遗产税的争议较大，但是往往坚持征收遗产税的人恰恰是大富豪，如美国的巴菲特等。

从美国的情况看，斯蒂格利茨（1978）和海曼认为遗产税会导致储蓄减少，从而导致资本投资减少，长期看来会导致劳动收入的减少而政府对此无能为力，从而抑制经济的增长。波特巴（Poterba）、考利考夫（Kotilkoff）、萨默斯（Summers）、萨克斯顿（Saxton）、索恩伯里（Thornberry）等认为由于遗产税是对资本课税，从而导致资本的税负上升并最终导致社会资本总量的减少从而影响经济增长[1]。内森·D·格劳和凯西·B·马利根（Nathan D. Grawe & Casey B. Mulligan，2002）认为在遗赠经济动机的影响下，遗产税会影响教育投资和消费，随着遗产税率的提高父母会增加对子女的教育投资而不是财富投资，同时不缴纳遗产税的低消费群体不受遗产税的影响，在面对遗产税时人们往往会增加消费而且会通过增加对子女的教育投资来转移对子女的消费或财富。[2] 美国独立商业联合会 2006 年的统计数据显示，有 70% 的农场主、家庭企业主因为高昂的遗产税无法将其农场或企业传给下一代，[3] 目前美国反对征收遗产税的仍然以家庭企业主为主。里德、盖尔、斯莱姆若德（Reed、Gale & Slemrod，2003）等则认为上述反对遗产税的观点有失偏颇，认为没有明确的证据证明遗产税影响了市场分配导致经济低效。大卫·乔尔费安（David Joulfaian，2006）利用遗产税申报数据实证分析了遗赠的储蓄效应，得出了继承人在遗产继承后的两年内储蓄的

---

① 转自禹奎：《美国遗产税理论研究综览》，载《涉外税务》2006 年第 7 期，第 52～54 页。

② Nathan D. Grawe and Casey B. Mulligan, "Economic Interpretations of Intergenerational Correlations", Journal of Economic Perspectives, Volume 16, Number 3, Summer (2002): 45–58.

③ 谢百三、杨能：《遗产税效应比较及其对我国的启示》，载《价格理论与实践》2013 年第 12 期，第 15 页。

增加少于继承的遗产，而且大量的遗赠会减少劳动供给。① 詹姆斯·R·海因斯（James R. Hines，2013）分析了遗产税的劳动供给效应，认为由于收入效应和替代效应的存在，遗产税一方面会导致劳动供给的减少，但同时又会增加人们的劳动供给以便给子女留下更多的遗产，遗产税是促进劳动供给还是阻碍劳动供给是不确定的。② 然而，到目前为止，尽管美国联邦遗产税的最高边际税率为 40%，而且美国的大部分州还征收该税种，美国仍没有出现资金大量外流的现象，其吸引移民和资金的能力仍然很强劲。

具体到英国而言，由于英国的遗产税制较为稳定，采用单一比例税率和总遗产税制。随着英国房价的上升，截止到 2013 年英国约有 200 万左右的家庭其资产总额超过了 32.5 万英镑的免征额，超过 32.5 万英镑的部分留给子女的就要按照 40% 缴纳遗产税，包含 7 年内赠与子女的部分，因此，更多的中产阶级感受到了遗产税的威胁，从而出现了资本外逃的显现。但由于受到财政支出和养老的压力，英国政府强调截止到 2019 年其遗产税制度不变。

如果我们观察法国的遗产税情况，自 1789 年法国大革命开始征收遗产税以来，在很长的一段时间内其税率较低，但随着贫富差距的扩大其遗产税的最高边际税率一路飙升，上升到目前的 50%。2007 年法国政府准备取消遗产税，但招致皮凯蒂等经济学家的反对，他们认为，"一个社会的经济权力传承如果靠继承来实现的话，这个社会的增长注定会很缓慢"。这说明经济学家认为占法国 GDP 总额 0.4% 的遗产税并不影响市场资源的配置，而且"即使是极低的税收也可以是知识的来源和促进民主透明的力量"。③ 2008 年金融危机后，由于财政上的捉襟见肘，2012 年，法国在保留遗产税的基础上还对年薪超过 100 万欧元的富人征收 75% 的富人税。2013 年，法国政府与瑞士达成协议，约定财产在瑞士而在法国定居的人其遗产税要交到法国。与遗产税相比富人税才是导致法国资金外流和人才流失的主要税收原因，如 2012 年法国富

---

① David Joulfaian，"Inheritance and Saving"，http：//www.nber.org/papers/w12569，2006：1 – 25.

② James R. Hines，"Income and Substitution Effects of Estate Taxation"，merican Economic Review：Papers & Proceedings 2013，103（3）：484 – 488.

③ 托马斯·皮凯蒂：《21 世纪资本论》，中信出版社 2014 年版，第 519 页。

豪移居国外的为 587 人，其平均资产在 600 万欧元以上，而过半数富人的资产在 1250 万欧元以上，[①] 基于这种原因，法国在 2015 年取消了富人税。

然后，我们再来看亚洲的日本和韩国。在日本，遗产税也存在了百年之久，征税对象包括继承人继承的全部财产的价值再扣除掉丧葬费等费用，是典型的分遗产税。个人所得税相比，遗产税主要是用来消除代际分配不公（泽田笃志，2013），而个人所得税是为了消除以一年为单位的贫富差距，所以遗产税被看作是个人所得税的有益补充。例如，日本维新会曾提出应通过征收 100% 遗产税来推动富人大量消费而不再储蓄。由于日本遗产税的扣除项目较多，因此在日本真正缴纳遗产税的人不多，有 5% 左右。[②] 为了保持财政收入与支出的匹配，2015 年日本再次上调了遗产税的最高边际税率并调低了免征额的扣除标准，而且安倍政府进一步指出如果不能解决财政的收支问题，到 2017 年会考虑再进一步提高遗产税。[③] 2015 年遗产税改革后，日本缴纳遗产税的人数估计上升到 20%，这可能会使一些富翁移民或进行税收筹划。尽管有这种疑问，但由于日本的遗产税主要定位于财富公平分配，如 1999 年税制改革时，小渊惠三当时为了刺激经济曾调低遗产税税率，但日本学界普遍认为，遗产税占税收收入的比重较小，其对经济的负面作用不大，更重要的是要发挥其社会公正的作用。[④]

（2）遗产税的政府分配效果。从 OECD 各国遗产税的政府分配效果看，各国征收遗产税的主要目的还是为了公平分配，消除代际之间的财富分配不公。从表 5-3 我们可知，OECD 国家遗产税收入占税收收入的比重平均在 0.35% 左右，应该说该税种占税收收入的比重较低，很显然，32 个 OECD 国家征收遗产税的主要目的不是为了财政融资。在 OECD 国家中，较为典型的是美国和日本，下面我们以这两个国家为例分析遗产税的再分配效果。

第一，从美国遗产税的政府分配效果看，莱特纳（Laitner，2001）

---

① 《法国征收超级富人税草草收兵被指劫富济国》，载《北京商报》2014 年 12 月 30 日。
② 《遗产税，绝对的富人税》，载《环球》2013 年 11 月 4 日。
③ 杜明霞：《日本考虑上调富人所得税与遗产税》，路透中文网。
④ 熊伟、叶金育：《谋定而后动：遗产税开征的理想与现实》，载《东方早报》2013 年 10 月 29 日。

通过模拟遗产税的再分配效应并得出了美国减少遗产税和赠与税后导致了长期内的财富分配不公。格拉韦尔和马圭尔（Gravelle & Mafuire, 2003）指出尽管遗产税的实际累进程度小于法定税率，但其仍然可以实现政府分配的目标。[1] 沃尔（Wahl, 2003）利用美国威斯康星州 1916～1981 年联邦遗产税的纳税申报数据，实证分析了遗产税的再分配效应，并得出了减免遗产税会加剧贫富差距。[2] 埃里克·卢斯（Erik Lueth, 2003）分析了遗产继承能否减轻人口老龄化带来的财政负担，并得出了遗产税可以减轻财政负担的结论。[3] 科普齐克和塞兹（Kopczuk & Saze, 2004）实证分析了美国 1916～2000 年遗产税的纳税申报数据，通过测算美国顶级富翁的财产分布状况，得出了遗产税能够有效降低财富集中的结论，而陡峭的累进税率是阻止财富集中的最重要的工具，并预测未来几十年中，如果累进税率下降的话会导致财富集中度提高。[4] 这一点跟美国近年来资本所得导致的财富不平等问题进一步恶化和遗产税的最高边际税率下降有一定的关系。图 5－1 显示了美国 1929～2011 年基尼系数的变化，基尼系数较低的年份基本上也是美国遗产税率较高的年份，在美国 2010 年停征遗产税后，基尼系数则有所上升，2011 年美国恢复征收遗产税最高边际税率为 35%，2012 年美国的基尼系数为 0.451，随着遗产税的边际税率提高至 40%，美国的基尼系数有所下降。根据以马利·塞兹和巴克利（Emmanuel Saez & Berkeley, 2013）利用美国 1913 年以来的税收数据实证分析了 1% 的美国最高收入者近 30 年来的收入变化情况，认为近 30 年来美国的贫富差距进一步扩大，尤其是 2009～2012 年以来占美国家庭收入的平均增长率是 6%，而占美国人口 1% 的最高收入的家庭收入上升幅度达到 31.4% 之多，其增幅达到 95，而 99% 的人口的收入增长率仅有 0.4%，顶端收入群体和绝大多数

---

① Jane G. Gravelle, Steven Maguire, "Estate and Gift Taxes: Economic Issues", Updated January 31, 2003, Congressional Research Service.

② Jenny B. Whal, "From Riches to Riches: Intergenerational Transfers and the Evidence from Estate Tax Returns", Soccial Science Quarterly, Vol. 84, Number 2, June 2003.

③ Erik Lueth, "Can Inheritances Alleviate the Fiscal Burden of an Aging Population?", MF Staff Papers Vol. 50, No. 2 (2003): 178－199.

④ Wojci Kopczuk, Emmanuel Saze, "Top Wealth Shares in the United States, 1916－2000: Evidence from Estate Tax Returns", NBER Working Paper No. 10399, March 2004.

人的收入差距可想而知，而解决贫富差距的最重要工具是税制改革。[①]

表5-6　　　　　美国1993～2012年1%的最高收入群体和其余
99%的收入群体的财富增长状况　　　　　单位：%

| 时间区间 | 平均收入的真实增长率 | 收入最高的1%的群体的真实增长率 | 其余99%的群体的真实增长率 | 收入最高的1%的群体的收入增长幅度 |
|---|---|---|---|---|
| 1993～2012年 | 17.9 | 86.1 | 6.6 | 68 |
| 克林顿通胀时期：1993～2000年 | 31.5 | 98.7 | 20.3 | 45 |
| 2001年经济衰退时期：2000～2002年 | -11.7 | -30.8 | -6.5 | 57 |
| 布什时期的通胀时期：2002～2007年 | 16.1 | 61.8 | 6.8 | 65 |
| 大萧条时期：2007～2009年 | -17.4 | -36.3 | -11.6 | 49 |
| 经济复苏期：2009～2012年 | 6.0 | 31.4 | 0.4 | 95 |

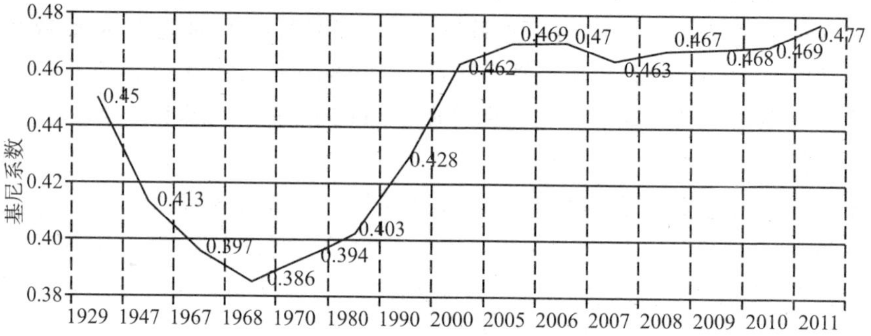

图5-1　1929～2011年美国基尼系数的变化

资料来源：朱明熙、代灵敏：《美国个人所得税对贫富差距的影响——基于1913～2011年经验数据分析》，载《财经科学》2014年第4期，第123页。

由表5-6和图5-1可以看出，受2010年停征遗产税的影响，美国复征后也没有恢复以前的水平，在一定程度上导致了贫富差距的扩大。莉莉·蒋（Lily Jiang，2010）基于遗赠动机实证分析了遗产税的再

①　Emmanuel Saez，UC Berkeley "Striking it Richer: The Evolution of Top Incomes in the United States" (Updated with 2012 preliminary estimates).

分配效应，结论显示有意和无意的遗赠动机会影响遗产税的再分配效果，在有意动机下富有跨期弹性的遗赠导致收入不公而不是收入差距缩小，而在无意动机下再分配效应则取决于寿命的长短，寿命越长代际分配不公的可能性越小，因此在遗产税改革过程中必须考虑遗赠动机。[1] 凯恩琳·麦加里（Kathleen McGarry，2013）利用美国健康和退休研究数据分析了遗产税和生前财产转移的情况，认为在美国 2010 年遗产税空窗期间，很少有富人阶层利用空窗期减少潜在的税收负担，尤其是最富裕的群体对此关注的更少，一些人则由于想避税而改变其行为选择。[2] 法昆多·阿尔瓦拉多、安东尼·B·阿特金森、托马斯·皮凯蒂、以马利塞兹（Facundo Alvaredo，Anthony B. Atkinson，Thomas Piketty，Emmanuel Saez，2013）基于国家和历史的视角观察了收入最高的1%的人的财富变化情况，认为包括美国在内的英语系国家近 30 年收入最高的1%的人占有的财富量成倍上升，而日本、法国和德国这些高收入国家变化则没有这么强烈，最高税率下降导致分配机制的变化是产生这种变化的原因，而由于遗产继承导致的财富集中也是一个很关键的因素。[3] 托马斯·皮凯蒂和以马利·塞兹（2013）能够抓住公平效率的关键并有可估计的充分数据以及底层结构偏好稳健的话就可以推导出最佳遗产税的公式，并利用法国和美国的微观数据推出遗产税的最佳税率在50% ~ 60%，对顶层遗赠来说，税率还要再高一些。[4]

马克·斯瑞迪力克（Marc Szydlik，2004）对遗产继承和不平等之间的关系进行了理论探讨和实证分析，通过比较原东西德不同政体下遗产继承引致的财富不公等原因，得出了原东德模式下遗产继承造成的社会不公更小的结论，并进一步指出了遗产继承会导致将来的社会分配更加不公，从现实来看，也的确呈现出了这一问题，并演变成为

137

---

① Lily Jiang，"Estate tax and lifetime income inequality"，Economic Modelling，Volume 27，Issue 3，May（2010）：613 – 619.

② Kathleen McGarry，"The Estate Tax and Inter Vivos Transfers over Time"，American Economic Review：Papers & Proceedings 2013，103（3）：478 – 483

③ Facundo Alvaredo，Anthony B. Atkinson，Thomas Piketty，Emmanuel Saez，"The Top 1 Percent in International and Historical Perspective，" Journal of Economic Perspectives，2013，27（3）：3 – 20.

④ Thomas Piketty，Emmanuel Saez "A Theory of Optimal Inheritance Taxation"，Econometrica，Vol. 81，No. 5 September，（2013）：1851 – 1878.

一种全球问题。

亨利埃特·胡本和拉尔夫·麦特尔斯（Henriette Houben & Ralf Maiterth, 2011）实证分析了德国 2009 年的遗产税法案，认为原有遗产税并没有影响家族商业的传承，不应对企业给予大量的遗产税优惠，而是应该设计扁平化税收制度来替代大量税收优惠的遗产税制度。[①] 以马利·法尔希和伊万·维尔宁（Emmanuel Farhi & Iván Wernin, 2013）通过构建父母利他动机下造成的代际分配不公条件下的最优遗产税模型，并指出最优遗产税取决于再分配的目标。[②] 应该说近年来美国之所以出现这种局面与近年来一直降低遗产税税率和提高个人免征额有很大的关系（见表 5 - 5）。

在这一点上，日本政府的做法显然好得多，日本政府一直将遗产税作为政府调节代际分配的主要政策工具，在实践中，日本的遗产税政策也的确发挥了政府再分配的作用。

就英国的情况而言，娜塔丽·李（Natalie Lee, 2007）分析了基于英国遗产税 2006 ~ 2007 年度的税收比 1997 ~ 1998 年度大幅度上升的原因，从公平、效率等方面分析应该遗产税的问题，认为英国征收遗产税的目标是促进公平，但就英国的具体情况而言，财富最多人反而没有缴纳最多的税收，由于遗产税没有体现真正的公平引发取消遗产税的呼声并推动了遗产税的改革。[③]

费·戴尔（F. Dell, 2005）通过分析德国（1981 ~ 1998）和瑞士（1933 ~ 1995）20 年间的贫富差距，认为第二次世界大战以后德国的贫富差距比美国严重的主要原因是德国的遗产税税率太低。[④] 安德鲁·埃卢尔、马柯·帕格诺和福斯托·帕农齐（Andrew Ellul, Marco Pagano & Fausto Panunzi, 2008）利用 38 个国家 1990 ~ 2006 年 10004 个农场的数

---

① Henriette Houben, Ralf Maiterth "Endangering of Businesses by the German Inheritance Tax? – An empirical analysis", Verband der Hochschullehrer für Betriebswirtschaft e. V. Volume 4, Issue 1, March (2011): 32 – 46.

② Emmanuel Farhi, Iván Wernin, "Estate Taxation with Altruism Heterogeneity", American Economic Review: Papers & Proceedings 2013, 103 (3): 489 – 495.

③ Natalie Lee, "Inheritance tax-an equitable tax no longer: time for abolition?", Legal Studies, Vol. 27 No. 4, December (2007): 678 – 708.

④ F Dell, "Top Incomes in Germany and Switzerland over the Twentieth Century", Journal of the European Economic Association Volume 3, Issue 2 – 3, April – May (2005): 412 – 421.

据分析了继承和家庭农场投资之间的关系，认为继承法律越严格家庭农场投资会越小，但不会影响非家族农场的投资，而且这种影响只发生在有代际交替的家族农场中。[1]

（3）遗产税的社会分配效果。从遗产税的社会效应看，遗产税通过鼓励慈善捐赠从而在阻止阶层固化、促进民主和提高社会福利等方面发挥一定的作用。伯克哈特·希尔（2000）通过构建代际财富分配模型，认为仅仅有少数人需要面临遗产税问题，从对新生代的普遍价值和财富公平分配的角度讲，增加遗产税有利于社会福利水平的提高。[2] 莉莉·L·巴彻尔德（2007）基于遗产税更公平、更有效率、更便于应计收益处理和更简化四个方面的特点，认为美国应该用遗产税和赠与税替代房地产税以便更有效地向特权阶层征税。[3] 安妮·L·阿尔斯陶特（Anne L. Alstott, 2007）基于资源平等理论分析了机会平等与遗产税之间的关系，认为美国现行的遗产税制度弱化了机会均等原则，并认为遗产税应通过政府支出显示其社会传承性、适用于包括父母在内的所有继承、不应对隔代继承进行惩罚并对年轻人征收更重的遗产税四个方面设计遗产税制。[4] 普拉巴卡尔、拉吉夫、罗林森、卡伦、怀特和斯图亚特（Prabhakar, Rajiv, Rowlingson, Karen, White & Stuart, 2008）认为遗产是阻止不平等和防止英国社会固化的主要工具，并提出应保护遗产税。[5]

2008 年的金融危机爆发后，由于各国经济增长和财政收入都面临一定的困境，慈善捐赠作为一直财富分配手段同样引起各国学者的关注和探讨。威廉·贝拉尼克、大卫·R·卡么斯层、理查德·H·廷伯莱克（William Beranek, David R. Kamerschen, Richard H. Timberlake, 2010）利用美国收入局 1995 ~ 2006 年的遗产税数据回归分析了遗产税

① Andrew Ellul, Marco Pagano 和 Fausto Panunzi, "Inheritance Law and Investment in Family Firms", Forthcoming in the American Economic Review September (2008): 41 – 42.

② Burkhard Heer, "Wealth Distribution and Optimal Inheritance Taxation in Life – Cycle Economies with Intergenerational Transfers", Munich Discussion Paper No. 2000 – 10: 17 – 26.

③ Lily L. Batchelder, "Taxing Privilege More Effectively: Replacing the Estate Tax with an Inheritance Tax", New York University, lily. batchelder@ nyu. edu, 7 – 24 – 2007.

④ Anne L. Alstott, "Equal Opportunity and Inheritance Taxation", Harvard Law Review Vol. 121, No. 2 Dec. (2007): 469 – 542.

⑤ Prabhakar, Rajiv, Rowlingson, Karen and White, Stuart "How to Defend the Inheritance Tax", http: //oro. open. ac. uk/313.

和慈善捐赠之间的关系，他们认为在正财富倾向假设条件下，遗产税税率下降不仅不会导致慈善捐赠的下降反而会导致其上升①。

斯蒂格利茨（2011）一改反对遗产税的观点，认为目前美国的不平等日益严重需要通过累进遗产税加以缓解。尽管美国的遗产税存废之争由来已久，但由于遗产税在美国属于"富人税"，其征收的根本意图在于政府分配正义和社会分配正义，遗产税更多地起到了一个价值信号的作用，遗产税的存在有力地推进了包括公益基金、民间慈善组织、非营利组织等在内的第三部门的发展壮大，美国富翁乐于进行慈善捐赠除了美国信奉白手起家的信条外，高额的遗产税也是不可或缺的一个砝码。沃依彻赫·科普齐克（2013）分析了继承和遗产税的激励效果，认为积极遗产税的最优性取决于对未来几代人的影响程度。②

此外，一些学者还将研究视野扩大到民主等方面，如肯尼思·斯彻沃和大卫·斯塔萨维（Kenneth Scheve & David Stasavage，2011）利用1816～2000年间英、法、美等多个国家的两个世纪的遗产税原始数据，分析了民主、战争和财富之间的关系，他们认为遗产税作为一个古老的税种近年来才被作为调节财富分配不公的一种政策工具不太合适，原因在于，遗产税更多地促进了战争的爆发而不是民主的产生。③ 拉里·M·巴特尔斯（Larry M. Bartels，2003，2004）基于政治学的视角，利用总统选举时期的相关资料和调查文件等分析了小布什削减遗产税的影响，认为削减遗产税主要是对收入高的阶层有利，而对大多数人来说，减少或停征遗产税只会导致贫富差距的进一步扩大，而且这种做法只是政党用来选举的一种手段而已。④

最后，我们来分析一下取消遗产税的几个国家的情况。从澳大利亚取消遗产税的情况看，纳书亚·S. 和安德鲁·利（Joshua S. Gans & An-

① William Beranek，David R. Kamerschen，Richard H. Timberlake，"Charitable Donationsand the Estate Tax：A Tale of Two Hypotheses"，American Journal of Economics and Sociology，Vol. 69，No. 3 July（2010）：1055 – 1077.

② Wojciech Kopczuk，"Incentive Effects of Inheritances and Optimal Estate Taxation"，American Economic Review，American Economic Association，Vol. 2013，103（3）：472 – 477.

③ Kenneth Scheve，David Stasavage，"Democracy，War，and Wealth Lessons from Two Centuries of Inheritance Taxation1"，Yale University，New York University，October（2011）：44 – 45.

④ Larry M. Bartels，"Homer Gets a Tax Cut：Inequality and Public Policy in the American Mind"，August 2003，Revised：5 March 2004：1 – 3.

drew Leigh，2006）利用澳大利亚 1974 年 1 月 1 日至 2003 年 12 月 31 日的死亡数据研究了死亡与遗产税之间的相关性，约有 50 人的死亡日期由遗产税取消的前一周延长至遗产税取消后的一周，从而得出了在较短的时间内死亡率与遗产税税率高度相关的结论，并以此证明澳大利亚取消遗产税的原因[①]。马库斯·伊莱亚森和亨利奥尔森（Marcus Eliason & Henry Ohlsson，2010）实证分析了死亡时间与瑞典遗产税取消之间的相关性，研究结果表明在瑞典 2005 年取消遗产税的前后，与没有遗赠的人相比，有法定继承的被继承人 2005 年元旦的死亡率比 2004 年元旦前夜的死亡率上升了 10%，而针对瑞典 2004 年取消配偶间遗产税的情况，2004 年的死亡率比 2005 年上升了 12%。[②] 这种情况与澳大利亚取消遗产税的情况相似，意味规避遗产税的经济动机影响了人的生老病死，这也是一些国家或地区取消遗产税的理由之一。

综合 OECD 国家的遗产税政策看，尽管各国对遗产税的争议依然存在，但是从遗产税的政策实践看，遗产税的主要目的不是财政融资而是公平分配，而且遗产税会影响市场分配正义，扭曲市场行为尚未定论，正如沃依切赫·科普齐克（2012）在对代际转移税与财富的理论文献和实证文献进行综合述评的那样，遗产税对市场分配、政府分配和社会分配的影响较为复杂，没有定论，需要进一步研究，同时指出遗产税作为对少数富人征收的一种直接税，无论在短期还是长期都对税收影响的整体分布发挥着潜在的重要作用。[③] 例如，2011 年 OECD 34 个成员国税前平均基尼系数为 0.457，税后为仅为 0.314，其中的 15 个国家在 0.3 以下，16 个国家在 0.3 ~ 0.4，只有 3 个国家在 0.4 以上。这说明税收对缩小贫富差距起到十分关键的作用。

141

---

① Joshua S. Gans and Andrew Leigh, "Did the Death of Australian Inheritance Taxes Affect Deaths?", The Australian National University Centre for Economic Policy Research Discussion Paper, No. 530, August 2006.

② Marcus Eliason, Henry Ohlsson "Timing of death and the repeal of the Swedish Inheritance tax", March26, 2010; Download from http://www.nek.uu.se or from S – WoPEC http://swopec.hhs.se/uunewp/.

③ Wojciech Kopczuk, "Taxation of Intergenerational Transfers and Wealth", November 26, (2012): 3 – 55.

### 5.2.2 "金砖国家"遗产税政策实践

**1. "金砖国家"遗产税概况**

"金砖国家"主要包括中国、巴西、印度、俄罗斯和南非，目前征收遗产税的主要是巴西、俄罗斯和南非，印度和我国曾经一度征收过遗产税。从我国遗产税的开征情况看，在新中国建立后，也曾将遗产税作为税政实施要则的税种之一，我国内地由于当时的经济发展水平较低，人们收入水平不高，一直没有开征遗产税；中国澳门和中国香港地区为了吸引资金分别在 2001 年和 2006 年停征了遗产税；中国台湾地区则一直保留着遗产税。印度在 1953 年征收遗产税后又在 1985 年取消了遗产税，俄罗斯也在 2006 年取消了遗产税。南非、巴西则一直在征收遗产税。

（1）巴西的遗产税制度。巴西的遗产税主要是由巴西各省和联邦区征收，规定遗产必须保证一半给予必要的继承人，遗嘱仅能对另一半进行自由分配。遗产税的征税对象包括汽车、家具等物品，也包括房地产、股权、存款等权益性财产。同时对于价值在 1.7 万美元以下的房产、价值在 5000 美元以下的个人私有物品、不超过 3500 美元的存款、对政府和非营利组织的捐赠进行免税。从税率设计看，巴西同样采用了超额累进税率，各省的规定不同，最高为 8%，圣保罗省的最高遗产税率在 2.5%～4%。巴西规定遗产税的纳税期限为继承之日起 30 天，被继承人去世前可以赠与任何人财产，但需要进行登记确认并缴纳必要的税，在继承人继承遗产后不能立即结清税款的情况下，允许同政府签订协议分期付清。2015 年 3 月巴西酝酿对社会上层人士征收富人税或者是提高遗产税水平。

（2）南非的遗产税制度。南非的遗产税制度同样，采取"先税后分再税"的混合制遗产税。遗产税的征税对象包括遗留的动产、不动产及其他一切有财产价值的权利的全部财产；计税依据为继承人继承的遗产金额；免税对象包括对配偶间的继承财产、丧葬费用、债务、遗嘱管理执行费用、被继承人去世 7 年前所继承的已税财产以及对教育和宗教等的公益性捐赠等；南非的遗产税采用 20% 的比例税率。

（3）中国的遗产税制度。我国的遗产税制度最早起源于北洋政府时期，1912 年北洋政府的财政总长周学熙提出中国应开征遗产税，认为该税不仅可以组织财政收入而且可以公平财富。后来的熊希龄（1913）、铎尔孟（1914）和章宗元（1915）同样也认为北洋政府应开征遗产税。[①] 1935 年国民政府为了弥补军费开支的需要，准备征收遗产税并于 1940 年正式征收，规定继承人按照继承财产金额的大小缴纳遗产税，并同时采用比例税率和超额累进税率，最低税率为 1%，最高边际税率为 50%，并对农具以及其他工业用具免税。1946 年遗产税改革后，最高边际税率上升至 60%，并且进一步简化了征管程序。新中国成立后，虽然将遗产税列入了 1950 年的税政要则，但一直没有征收遗产税。

（4）中国台湾、中国香港和中国澳门的遗产税制度。中国台湾于 1971 年开始征收遗产税，1973 年为防止利用赠与免税，又增设了赠与税，尽管台湾对遗产税的征收仍存有争议，但为了公平正义一直保留着遗产税。2009 年台湾进行了如下遗产税改革：一是降低遗产税税率，从最高 50% 调为 10% 的单一比例税率；二是提高免征额，由原来的新台币 779 万元提高至 1200 万元，赠与税免税额由目前 111 万元提高至 220 万元。分期缴纳期间，由现行的 12 期延长为 18 期；三是海外资金返台可以免税，投资人在资金返台后身故的，可免遗产税；投资满 8 年未汇出岛外，即可免征赠与税。中国香港在 1915 年开始征收遗产税，其征税对象包括死者遗留的位于香港的所有财产，2006 年基于吸引投资的需要取消了遗产税。中国澳门的遗产税起征于 1901 年，2001 年澳门在改革印花税的同时取消了遗产税，印花税的征收范围同样包括遗产转移，这一点与印度取消遗产税的原因类似。

（5）印度和俄罗斯的遗产税制度。印度是在 1953 年和 1958 年分别开征了遗产税和赠与税，印度的遗产税同样也是针对继承人所继承财产（含物品和权益）价值征收的继承税，在计算遗产税时可以扣除丧葬费、被继承人债务和遗嘱审查费等费用，同时对农业用地和慈善捐赠等免税，税率采用 5%～85% 的超额累进税率。由于印度同时也对遗产转移正式印花税，为避免与印花税重复造成对遗产继承的重复课税，1985 年，印度废除了遗产税。此外，印度还征收财富税，规定凡是转移 3.1

143

---

[①]　燕芝、陈国勇：《民国时期我国遗产税的提出和开征》，载《乐山师范学院学报》2011 年，第 26 卷第 3 期，第 105 页。

万美元以上财产的要缴纳不少于1%的财富税。由此可见，印度尽管没有名义上的遗产税但是仍对遗产转移课税，而且印度贫富差距的扩大，印度目前正在考虑恢复重新征收正式遗产税。具体到俄罗斯的遗产税而言，俄罗斯在1992年开始征收财产继承与赠与税，遗产税为分遗产税模式，其征收对象主要包括房地产、珠宝、汽车、摩托车等物品，对于车库、汽车拖车、现金、著作权等知识产权则不课税，因此，俄罗斯的遗产税主要是针对物品课税。2006年俄罗斯虽然取消了遗产税，但依然征收赠与税，赠与税的税率为13%的比例税率。表5-7显示了"金砖国家"及我国港澳台地区的遗产税情况。

表5-7　　　　"金砖国家"及中国港澳台地区的有关遗产税
（赠与税）课税的情况

| 国家/地区 | 遗产税（赠与税）的征税对象 | 遗产税（赠与税）的税率 | 遗产税的类型 |
|---|---|---|---|
| 1. 巴西 | 继承的全部财产，扣除慈善捐赠、婚姻和丧葬费、管理费、死者未偿还的债务等费用；同时征收赠与税。 | 各省规定的税率不同，最高边际税率为10%。 | 分遗产税 |
| 2. 南非 | 遗留的全部财产，扣除慈善捐赠、婚姻和丧葬费、管理费、死者未偿还的债务等费用，免征额为120万兰特。 | 45%的比例税率。 | 混合遗产税 |
| 3. 印度 | 1985年取消了遗产税；1998年取消了赠与税；有财富税。正讨论要恢复征收遗产税。 | 财富税的税率为1%。 | |
| 4. 俄罗斯 | 2006年取消了继承税，保留了赠与税。 | 赠与税的税率13%。 | |
| 5. 中国香港 | 2006年取消了遗产税，其类型为总遗产税制。 | 目前继承遗产有严格的限定，而且对房产的继承要经过严格审查。 | |
| 6. 中国澳门 | 2001取消了遗产税和赠与税，对遗产转移征收印花税。 | | |
| 7. 中国台湾 | 遗留的全部财产价值，扣除因亲疏关系而不同；同时征收赠与税，两者税率相同。 | 统一的比例税率10%。 | 总遗产税 |

从表 5 - 7 可知，在"金砖国家"以及我国的港澳台地区中，除了中国香港外，巴西、南非、中国台湾都要正式的遗产税，印度、俄罗斯和中国澳门虽然没有正式的遗产税，但对遗赠财产的转移征收赠与税或者是印花税。这一点与我国目前对遗产的继承不征收个人所得税，也不征收契税和印花税是不同的。

**2. "金砖国家"遗产税的政策效果**

首先，从巴西遗产税的政策效果看，以 2010 年为例，2010 年巴西税收收入占 GDP 的比重为 25.91%，其中遗产税收入占 GDP 的比重为 0.21%，因此在巴西缴纳遗产税的也是少数人，这一点与发达国家类似。由于巴西的遗产税主要是由各州征收加上税基较窄，而且最高边际税率仅为 10%，因此，在促进公平分配方面并没有发挥应有的作用。如胡安·卡洛斯（Juan Carlos，2012）分析了拉丁美洲各国的税制结构和逃税状况，认为税基窄是造成巴西等拉丁美洲国家贫富差距的一个重要原因。据巴西《圣保罗页报》报道，为促进财富公平巴西拟对最富群体提高税负，其中的方案之一就是制定全国统一的遗产税政策或者是财富税。

其次，从印度的情况看，印度取消了遗产税后，财富分配的差距依然较高，如辛他柏赫然·辛哈（Sitabhra Sinha，2008）计算了印度 2002 ~ 2004 年的帕累托指数，认为如果按照帕累托指数衡量印度的贫富差距，印度的帕累托指数为 1.5，相当于 0.5 的基尼系数，由此可以推断印度的贫富差距还是比较大的。[1] 拉桑特·普拉卡什（Prashant Prakash，2013）通过比较印度和其他 20 国集团成员国的财产税情况，认为印度和其他国家在公平财富分配方面的差距在逐渐拉大，在分析印度的财富不公问题时指出，尽管印度征收财富税，但是根据印度人力资源发展报告显示，2011 年印度占人口 5% 的顶层群体占据了 38% 的财富，而底部 60% 的群体仅占有财富的 13%，而且福布斯财富榜印度亿万富翁的人数从 2005 年的 13 人上升至 2011 年的 55 人，因此利用遗产

---

[1]　Sitabhra Sinha，"Evidence for Power-law tail of the Wealth Distribution in India"，Preprint submitted to Elsevier Science，2 February，（2008）：1 - 8.

税促进财富公平要比组织财政收入更为重要。[①]

再次，从南非的遗产税政策效果看，南非的遗产税税收收入占GDP的比重在2010年为0.04%，与其他国家一样，南非遗产税的征收范围也较窄。拉桑特·普拉卡什（2013）分析了印度、南非、中国、巴西、俄罗斯等国家的财富税和遗产税（含赠与税）占GDP的比重，如图5-2和图5-3所示。

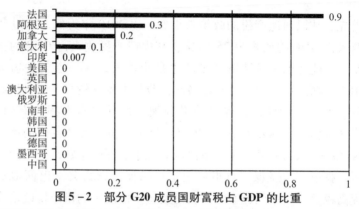

**图 5 - 2　部分 G20 成员国财富税占 GDP 的比重**

资料来源：除了阿根廷、中国、墨西哥为2009年数据，印度为2009~2010年数据外，其余为2010年数据。

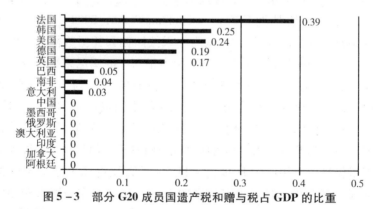

**图 5 - 3　部分 G20 成员国遗产税和赠与税占 GDP 的比重**

资料来源：Prashant Prakash, "Property Taxes Across G20 Countries: Can India Get it Right", OXFAM India Working Papers Series January（2013）：10. 除了阿根廷、中国、墨西哥为2009年数据，印度为2009~2010年数据外，其余为2010年数据。

---

① Prashant Prakash, "Property Taxes Across G20 Countries: Can India Get it Right", OX-FAM India Working Papers Series January（2013）：12.

从图 5-2 可知，与法国、加拿大、意大利、英国、美国等 OECD 国家相比，俄罗斯、南非、巴西、中国财富税占 GDP 的比例为 0，原因在于这些国家没有财富税，印度财富税占 GDP 的比重为 0.007%，这一比例也是比较低的，很难发挥调节财富分配的作用。

从图 5-3 可知，与法国、韩国、美国、德国、英国、澳大利亚、加拿大等 OECD 国家相比，巴西遗赠税占 GDP 的比重为 0.05%，南非为 0.04%，由于中国、俄罗斯、印度的比重为 0，这同样意味着"金砖国家"的遗产税和赠与税的调节功能依然很弱，或者是由于没有课征遗产税无法发挥作用。这一点也可以从基尼系数上管窥一二，例如 2011 年 OECD 的平均税后基尼系数为 0.314，而同时期南非、巴西和俄罗斯的基尼系数分别为 0.631、0.543 和 0.401。"金砖国家"的贫富差距明显高于 OECD 国家，这与这些国家的税收调节作用相对较差是分不开的。

最后，从我国港澳台的政策实践看，香港 2006 年基于吸引资金的需要停征了遗产税，此后香港的基尼系数有所上升应该说与停征遗产税有一定的关系。台湾一直保留了遗产税的课征，而且也一直存有争议，遗产税的争议也是在效率和公平之间徘徊，例如近年来，由于经济的不景气，台湾当局积极推动遗产税改革以促进资金回流。

总之，"金砖国家"和我国的港澳台地区遗产税政策与 OECD 国家相比，都存有争议，但征收的目的基本上也是为了促进财富公平分配，但政策效果与 OECD 国际相比要差些，其主要原因这些国家现阶段的任务主要是发展经济。

### 5.2.3 其他国家遗产税政策实践

除了 OECD 和"金砖国家"外，一些发展中国家同样征收遗产，如保加利亚、菲律宾、乌克兰、伊朗、马其顿、委内瑞拉、尼日利亚、突尼斯、厄瓜多尔、立陶宛、黑山、智利、尼加拉瓜、多米尼加、越南等同样也征收遗产税，泰国则准备从 2015 年起对继承遗产超过 5000 万铢的纳税人征收 10% 比率的遗产税。[1] 与发达国家不同的是，为了便于征管这些国家一般采用比例税率，而且绝大多数国家是同时征收遗产税和赠与

---

[1] 《星暹日报》http://www.asean168.com/a/20140923/50764.html.

税；费用扣除标准和免税项目基本上与上述国家类似。从其收入规模看，发展国家的遗产税收入水平较低，其主要目的也主要是公平分配。

从前面的分析可知，尽管目前针对遗产税的存废争议不断，但以OECD国家和"金砖国家"为带代表的主要市场经济国家的绝大多数均征收遗产税，该税种作为这些国家财产税的组成部分，在财富的再分配和第三次分配方面发挥了积极的引导和调节作用，并且遗产税扭曲财富初次分配的结论没有得到一致的结论，不同国家的不同历史阶段，遗产税体现不同的市场分配效果。

## 5.3　遗产税国际实践的成功做法与经验启示

### 5.3.1　遗产税国际实践的成功做法

通过考察 OECD 和金砖国家遗产税的政策效果，之所以取得的成功的原因主要体现在以下三个方面：[①]

**1. 遗产税的主要目标是公平分配而不是财政融资**

在这些国家中，遗产税历经百年演化，逐渐脱离了财政融资的最初目的，其主要目标是促进公平分配而不是财政融资。原因如下：

一是征收面小。在这些国家中，遗产税的纳税人主要以占人口10%的顶层收入群体为主，绝大多数人与遗产税无缘。例如，2013 年美国夫妇二人的免征额高达 1050 万美元，在美国 1.2 亿个左右的家庭中仅有 600 万家庭的户均财产达到 600 万美元，仅占总数的 5%，财产在 1000 万美元以上的家庭还不到 1%，可见只有极少数的人缴纳遗产税。如日本缴纳遗产税的人有 5% 左右。[②]

二是税基窄。尽管遗产税的征收对象为遗留财产的价值，但除了对纳税人有免征额外，还对公益、宗教、学术捐赠，婚姻、丧葬费，管理费，死者欠债，住房，农场，农具，甚至是金融工具等项目进行免税，

---

①② 高凤勤、王朝才、王志伟：《主要市场经济国家遗产税经验及其启示》，载《财政研究》2015 年第 8 期，第 99 ~ 103 页。

从而可以调节财富的政府分配和社会分配。

三是税率高。除南非采用 45% 的统一比例税率、英国为 40%、爱尔兰为 30%、捷克为 9.5%、冰岛为 5% 外,其他 21 个国家的遗产税税率均为超额累进税率,其中德国、法国、日本、韩国、荷兰、瑞士、比利时的最高边际税率在 40% 以上。例如,比利时的最高税率达到了 80%,日本的最高税率为 55%,税率档次一般在 5 级以上,采用较高的超额累进税率的目的就是要解决巨额遗产继承带来的贫富差距问题。[①]

四是以分遗产税为主。英国、美国联邦政府、丹麦 3 个国家征收总遗产税;意大利、南非征收混合遗产税;其余的包括美国各州在内的 21 个国家征收分遗产税。主要原因在于,"先税后分"的总遗产税和"先税后分再税"的混合遗产税相比,"先分后税"的分遗产税更利于社会认可和实际操作,而且与总遗产相比更利于公平,因此,大多数国家采取了分遗产税。

五是收入低。OECD 国家 2000~2012 年包括赠与税在内的遗赠税收入占税收收入的平均水平仅为 0.35% 左右,即使是最高税率达 80% 的比利时,其比重也仅达到 1.5% 左右。与 OECD 相比,"金砖国家"的这一比例更低,如 2010 年美、英、法、韩、德遗赠税收入占 GDP 的比重分别为 0.24%、0.17%、0.39%、0.25%、0.19%,而巴西和南非这一比重则仅为 0.05% 和 0.04%。可见用遗产税汲取财政收入的意义不大,更多的社会意义,使得人们不会留太多财富给子女,有利于促进人们劳动创造的积极性。

**2. 遗产税可以起到公平财富的作用**

目前,反对征收遗产税的观点主要是认为遗产税的再分配作用有限而且会影响市场效率,导致资金或人才外流。但是,从 OECD 和新兴市场经济国家的政策实践看,遗产税的财富再分配作用得到了验证,而且这些国家并未出现大规模的资金或人才外流现象。

一是遗产税对初次分配的影响结果是好是坏并无定论。一方面,一些学者通过实证分析认为,在遗赠动机的影响下,遗产税会促进人们增加消费,或增加对子女的教育投资来转移给子女财富(Nathan D.

149

① 高凤勤、王朝才、王志伟:《主要市场经济国家遗产税经验及其启示》,载《财政研究》2015 年第 8 期,第 99~103 页。

Grawe，Casey B. Mulligan，2002）。同时，遗产税也不会影响家族企业的传承（Henriette Houben，Ralf Maiterth，2011），因此，没有明确证据证明遗产税会导致市场低效（Reed，Gale，Slemrod，2003）。正如皮凯蒂（2013）所说的那样，通过继承来传承经济权力会导致经济增长缓慢，由此可见，遗产税并不影响市场资源的配置。另一方面，一些学者则认为遗产税阻碍了交换正义，例如，大卫·乔尔费安（2006）利用基于相关数据，分析了遗产税的储蓄效应，认为在遗产继承后的两年内储蓄的增加少于继承的遗产，而且大量的遗赠会减少劳动供给。当然，也有一些学者的观点介于两者之间。如詹姆斯·R·海因斯（James R. Hines，2013）提出，由于收入效应和替代效应的存在，遗产税一方面会导致劳动供给的减少，但同时又会增加人们的劳动供给以便给子女留下更多的遗产，遗产税是促进劳动供给还是阻碍劳动供给是不确定的。

二是遗产税有利于再分配和第三次分配。从 OECD 国家遗产税的运行状况看，这些国家的遗产税在促进财富再分配方面发挥了积极作用。沃尔（2003），科普齐克、塞兹、拉里·M·巴特尔斯（Kopczuk，Saze，Larry M. Bartels，2004）分别利用美国的相关数据实证分析了遗产税的再分配效果，都得出了遗产税可以缩小贫富差距的结论，并认为高累进税率是阻止财富集中的最重要工具。以马利·塞兹等（2013）利用美国 1913 年以来的税收数据分析了 1% 的最高收入者近 30 年来的收入变化，得出了 1% 人口的收入增值率达 31.4% 而 99% 人口的收入仅增长 0.4% 的结论，认为解决贫富差距的最重要工具是进行包括遗产税在内的税制改革。费·戴尔（2005）通过分析德国（1981～1998）和瑞士（1933～1995）20 年间的贫富差距，认为第二次世界大战后德国贫富差距比美国严重的主要原因是德国的遗产税税率太低。普拉巴卡尔（Prabhakar，2008）认为遗产税是阻止不平等和防止英国社会固化的主要工具，提出应保护遗产税的征收。托马斯·皮凯蒂和以马利·塞兹（2013）利用法国和美国的微观数据推导出遗产税的最佳税率在 50%～60%，并认为对顶层遗赠来说，遗产税率还应再高一些。另一方面，在 OECD 国家中，遗产税的存在有力地推进了包括公益基金、民间慈善组织、非营利组织等在内的第三部门的发展壮大，一些美国富翁乐于进行慈善捐赠除了信奉白手起家的信条外，高额的遗产税是不可或缺的一个砝码。与 OECD 发达国家相比，新兴市场国家巴西和南非的遗产税虽发挥了一定的公平作用，但由于这些国家的遗产税税率较低、税基较窄，再加上逃避税现象严重，从而影响了遗产税的财富公平效果。为此，南非提高了遗产税税率；巴西则拟对最富群体提高税负，其方案之一就是制定全国统一的遗产税政策或者是征收财富税。

### 3. 遗产税是个人所得税、房产税等直接税的有益补充

就遗产税在税制体系中的地位而言，无论是 OECD 国家还是"金砖国家"，遗产税是作为个人所得税的一种有益补充出现的。首先，从调节收入分配的着力点看，个人所得税是为了消除以一年为单位的贫富差距，而遗产税是为了消除代际间的贫富差距，从而弥补了个人所得税的不足。其中较为典型的是，美国 1913 年将个人所得税作为永久性税种后，1916 年将遗产税作为联邦税种固定下来；日本则在 1905 年开征遗产税后于 1951 年将该税作为个人所得税的辅助。其原因在于，仅仅靠个人所得税是难以抑制部分社会财富向少数人集中的。以印度为例，尽管印度在征收个人所得税的同时还征收房产税和财富税，但其财富集中度仍然较高。据印度人力资源发展报告显示，2011 年占印度人口 5% 的顶层群体占据了 38% 的财富，而底部 60% 的群体仅占有财富的 13%，福布斯财富榜上印度亿万富翁从 2005 年的 13 人上升至 2011 年的 55 人。因此，有学者认为印度应恢复征收遗产税以促进财富公平。总之，个人所得税、房产税和遗产税对征管条件的要求类似，都需要完善的财产登记制度和评估制度。可以说个人所得税、房产税和遗产税构成了防止财富过度集中的三条防线。

综上，遗产税作为个人所得税、房产税等直接税的有益补充，其主要功能不是财政融资而是公平分配，加上遗产税是否扭曲市场行为尚未定论，因此，遗产税在整个税制体系中的地位不容忽视。正如沃依切赫·科普齐克（2012）所指出的，遗产税对初次分配、再分配和第三次分配的影响较为复杂没有定论需要进一步研究，作为对少数富人征收的一种直接税，无论在短期还是长期，遗产税都对税收影响的整体分布发挥着潜在的重要作用。

## 5.3.2　遗产税国际实践的经验启示

从遗产税的国际实践看，可以为我国的遗产税改革带来以下启示：[1]

**1. 遗产税理应成为我国调节财富分配不可或缺的政策工具之一**

一方面，我国现行税制调节财富代际分配的缺位问题需要我们研究遗产税能否促进财富公平分配的问题。另外，财富分配不公对我国经济社会的负面影响已经显现。尽管个人所得税发挥了一定的调节作用，但其分类课征引发的逆向调节问题一直悬而未决。房产税、车船税、契税等财产税由于收入规模较小对财富分配的调节作用不大，加上我国目前对财产继承或三代以内血亲关系的赠与都采取了免税政策，可以说我国现行税制在调节财富代际分配方面是空白的，但财富分配的现况不容我们忽视遗产税改革。大家来看 2014 年的一组数字：波士顿咨询公司调查数据显示，2014 年我国私人财富规模达到了 22 万亿美元；瑞士信贷银行发布的 2013～2014 年全球财富数据显示，我国有 118 万人的资产超过了 100 万美元，占全球百万富翁（3480 人）的 3.39%，到 2019 年我国的百万美元富翁有望翻番，且我国中产阶层比 2000 年翻了一番，占全球的 1/3 之多；2014 年的《福布斯》亿万富翁排行榜显示，我国有 152 位富翁登上了世界亿万富翁排行榜，居世界第 2 位；《我国民生发展报告 2014》（北京大学我国社会科学调查中心，2014）显示，我国占人口 1% 的顶端收入家庭占有了全国 30% 以上的财产，而占人口 1/4 底部家庭仅拥有全国 10% 的财产。[2] 国内外的调查数据均显示出，我国的财富集中度正逐步扩大，财产继承或赠与正成为影响我国年轻一代占有财富资源的主要因素，"富二代"现象引发的各种炒作就是一个典型例证。如果对这种现象听之任之的话，财富分配起点的不公势必会影响年轻一代的创新创业精神，进而影响市场活力。反观 OECD 国家并未因征收遗产税而影响其在科技、管理和人才培养等方面的领先地位，美英等发达国家反而吸引了世界各国的大量

---

[1]　高凤勤、王朝才、王志伟：《主要市场经济国家遗产税经验及其启示》，载《财政研究》2015 年第 8 期，第 99～103 页。

[2]　北京大学社会调查中心：《我国民生发展报告》，2014 年，第 1 页。

优秀人才。

另一方面，开征遗产税可以完善我国的财富分配制度。财富分配可以分为初始分配、市场分配（初次分配）、再分配（政府分配）和第三次分配（社会分配），后三次分配是以初始分配为基础并对其产生影响，在假定初始分配合理的情况下，遗产税可以对后三种分配方式产生影响并最终影响原分配。[①] 首先，通过遗产税课征可以鼓励勤劳创业，促进父母对子女进行教育等人力资本投资而并不是简单的财富传承，从而有利于年轻一代在财富分配方面的起点公平，促进资源合理配置和健康财富文化形成。其次，政府通过筹集的遗产税收入可用于转移支付，达到"抽肥补瘦"的目的。再次，通过遗产税可以激励慈善事业的发展，鼓励第三部门的发展，弥补市场和政府分配的不足。最后，遗产税有利于健康产权制度的形成，一般来说，征收遗产税的国家其产权制度都较为完善，应该说上述国家通过遗产税的征收促进了财产登记、评估等制度的完善。从我国现行税制的运行状况看，以增值税为主的税收制度对市场分配的调节基本上遵循了中性原则，但在再分配尤其是社会分配方面还有所欠缺。尽管我国的个人所得税有对慈善捐赠的减免，但由于缴纳个人所得税的主力是工薪阶层而不是顶层收入群体，从而造成了税收对慈善捐赠激励的失灵。鉴于此，我国应研究开征遗产税以弥补个人所得税的缺陷，促进财富分配制度完善。

### 2. 遗产税的开征时机可以考虑选在新一轮税制改革之后[②]

首先，从遗产税的历史演变看，早期遗产税的征收源于筹集军费等财政融资的需要，此时遗产税只是发挥组织财政收入的基本职能，征收时机较为随意，无章可循。如美国 1797 年为筹军费开征了遗产税，1802 年又停征，直到 1916 年才成为美国永久性税种；英国遗产税始于 1694 年，直到 1894 年被立法强制征收后才成为该国的固定税种延续至今；法国遗产税产生于 1703 年，直到 1901 年税制改革成为累进税后才具备了现代遗产税的特征。进入 20 世纪后，面对工业化和市场经济带来的贫富差距，遗产税开始向公平分配转型，OECD 国家相继提高了遗产税税率。美国 20 世纪 30 年代的最高税率在 70% 或 80% 以上，英国

153

---

①②　高凤勤、王朝才、王志伟：《主要市场经济国家遗产税经验及其启示》，载《财政研究》2015 年第 8 期，第 99～103 页。

甚至达到了 98%，2008 年金融危机后日本的最高税率提高至 55%，一些日本学者甚至认为应征收 100% 的遗产税以促进富人消费拉动经济增长。在此背景下，遗产税的转型或开征一般选在个人所得税改革之后，原因在于通过个人所得税改革可以为遗产税提供征管技术条件，如前文提到的美日两国，但并没有明显的时间节点。

其次，从遗产税与人均 GDP 的关系看，遗产税的征收时机与人均 GDP 没有直接关系。以美国为例，1930 年美国人均 GDP 为 749.1 美元，此时美国遗产税最高边际税率高达 70% 左右，2013 年美国的人均 GDP 为约为 53152.4 美元，此时遗产税的最高税率仅为 35%，即使考虑通货膨胀等因素的影响，也没有明确的证据表明现代遗产税的征收与人均 GDP 有直接关系，遗产税的征收与否主要看占人口 10% 的顶层群体的财富占有情况而不是人均 GDP 的大小。因此，我们认为我国目前的人均 GDP 较低而不具备征收遗产税的经济基础的观点有失偏颇。随着市场经济的快速发展，我国已经出现了亿万富翁，千万富翁的群体也在不断壮大，从而为我国遗产税的征收提供了一定的经济基础。[①]

最后，从遗产税产生的文化背景看，遗产税没有固定的文化土壤。OECD 和"金砖国家"遍及五大洲，文化背景各有不同，既有信奉基督教白手起家精神的欧美国家，也有深受儒家文化影响的日韩两国，但并没有妨碍遗产税在这些国家的正常运行。因此，认为我国不具备征收遗产税文化基础的论点是站不住脚的。无论是民国时期遗产税征收历史，还是新中国成立初期将遗产税列入 14 个有名税种之一，都旁证了我国并不缺乏征收遗产税的社会文化基础。[②]

因此，借鉴现代遗产税的改革实践，我国的遗产税改革可选在个人所得税、房地产税制改革之后，使其成为个人所得税、房产税的有益补充，以弥补个人所得税和房产税仅调节以 1 年为单位的贫富差距的缺陷。

---

①② 高凤勤、王朝才、王志伟：《主要市场经济国家遗产税经验及其启示》，载《财政研究》2015 年第 8 期，第 99~103 页。

# 第6章 基本结论与政策建议

## 6.1 基本结论

第4章和第5章对我国遗产税和国际遗产税进行了实证分析，从实证结果中可得到以下结论：

第一，从我国模拟征收遗产税的财富公平分配效应看，我国通过征收遗产税可以促进代际间财富公平分配，但是需要在对富人征收遗产税的同时增加对穷人的财政转移支付力度，这样才可以有效缩小我国的贫富差距，促进财富公平分配。

第二，遗产税制度需要良好的社会基础和征管技术。从国际上征收遗产税的国家来看，发达国家的遗产税甚至存在了上千年或者是上百年的时间，这些国家已经具备了开征遗产税的文化基础并积累了丰富的征管经验。新兴市场经济国家的遗产税存在时间较多，而且争议比发达国家要大，与发达国家相比，新兴市场经济国家不仅要面临贫富差距拉大带来的压力，还要面对经济增长的压力，遗产税在面临效率与公平之争时，往往会让步于效率，而且，包括新兴市场经济国家在内的发展中国家的征收遗产税的历史较短，社会上对该税种还不甚了解。由于遗产税的纳税人与其他税种相比主要是针对顶层收入的人，而这些群体与普通人相比往往在一国的宏观经济政策制定中更有话语权，因此，遗产税的征收往往需要有一定的文化基础。同时，遗产税的征收也需要富人财产的透明，这对发展中国家来说也是一个需要逐步完善的过程。一些国家在个人所得税、房产税等直接税尚未完善的情况下，往往无法征收遗产税。反观发达国家均有完善的所得税体系和财产税体系，并且财产的透明度基本上保证了直接税征管的需要。

第三，遗产税更多的是作为一种财富分配信号存在，在调节财富分配方面具有引导性作用。从目前征收遗产税的国家看，无论是以 OECD 为代表的发达国家，还是以"金砖国家"为代表的新兴市场经济国家抑或正在转型的发展中国家，遗产税的收入规模都较小，包括赠与税在内的遗赠税收入占 GDP 的比重基本上在 0.4% 以下，其作用层面主要集中在社会顶层收入群体。从这一点来说，绝大多数人与遗产税是无缘的，遗产税更多的是体现一个居民对财富的看法，反映了一国的财富文化，它的存在体现了一种社会价值符号，向人们传递着财富公平分配的信号，因此，遗产税的财政收入功能较弱。从各国遗产税的目标定位看，现代遗产税制度的主要目标是促进公平分配，尤其是代际公平分配，防止社会阶层利益固化，并形成积极健康的财富文化。

第四，遗产税对市场分配正义的影响在不同国家以及同一国家的不同历史阶段是不同的。由于遗产税的市场分配效应是指课征遗产税对资源配置的影响，包括劳动供给、消费、储蓄、家族企业、人力资本投资等，其影响是积极的还是消极的取决于一国的经济社会发展要求。一般来说，税负越重对市场的扭曲程度越大，因此，遗产税一般应采用超额累进税率而不是比例税率。例如，在美国等发达国家遗产税对市场的扭曲程度并不明显，近年来反对美国征收遗产税的群体主要是一些农场主而非顶层收入群体，而且适用最高税率的人寥寥无几。英国则由于遗产税税率为 40% 的单一税导致了资本的外流，这在一定程度上影响了市场效率，但英国政府目前没有减征或废除遗产税的意思。与之相反，新加坡、中国香港等为了防止资本外逃取消了遗产税。此外，也有一些国家基于经济增长的考虑停征了遗产税。从各个国家的制度实践看，我们无法对遗产税的市场分配效应下一个定性的结论，关键还是要看如何处理公平与效率的关系。

第五，遗产税的再分配功能较为显著，有利于政府分配正义的实现。从目前各国的政策实践看，尽管遗产税的收入规模较小，但在促进财富的再分配方面依然发挥了不可或缺的作用。例如，19 世纪的欧洲社会财富高度集中，累进遗产税是促进欧洲 20 世纪财富分配相对公平的一个很重要的原因。金融危机爆发后，由资本带来的财富分配不公问题更为凸显，基于此，征收遗产税的呼声在一些国家再度出现，例如印度、瑞典等在呼吁重新征收遗产税，巴西也在关注全国性遗产税的征收问题，在美国奥巴马政府再次强调要弥补富人部分财产免征遗产税的漏洞。

第六，现代遗产税的开征的主要目的不再是组织财政收入，而应该是促进公平分配，尤其是代际之间的财富公平分配。从现有征收遗产税的国家看，保留遗产税的国家通过遗产税筹集的财政收入较少。无论是发达国家如日本，还是新兴市场经济国家如南非，或者是发展中国家如保加利亚，其主要目的是缩小贫富差距。

第七，从遗产税的具体设计看，绝大多数国家采用超额累进税率，它与比例税率相比更有利于公平。其次，遗产税的类型主要是分遗产税制，尽管总遗产税制的好处是可以保证税源的充分，坏处是"先税后分"可能会导致一些纳税人无法上缴税金而不能继承遗产，这对初始征收遗产税的国家来说往往会引发社会的争议，不被社会认可。分遗产税的好处是"先分后税"，从而保证了纳税人的税款支付能力，社会更容易接受。混合遗产税虽然可以兼顾，但是由于其兼具总遗产税和分遗产税的特点，对征管条件要求更高，因此，除少数国家外，大多数国家一般不采用混合遗产税。

第八，从遗产税的开征时机看，遗产税需要在个人所得税、房产税等直接税已经相对完善，配套措施健全的情况下才能"落地"，否则很难达到预期效果。遗产税是对人们生前遗留的财产课税，这就需要征管机关能够及时掌握纳税人继承财产的情况，加上遗产税的税前扣除项目较多，而且亲疏关系不同的免征额往往不同，因此，无论是财产状况还是纳税人与被继承人的关系都要梳理清楚才能使遗产税"落地"。具体到我国，应在新一轮税改后在考虑征收遗产税，原因在于，我国现行的个人所得税、房产税以及消费税等尚未改革到位，这些税种调节居民收入的作用尚未得到有效发挥，还需要进一步改良，因而我国遗产税的改革时机应选择在新一轮税制改革后。

## 6.2　政策建议

一是遗产税模式可以选取征管简便的总遗产模式。目前全球的遗产税制度类型主要有总遗产税、分遗产税和总分（混合）遗产税三种类型。三种征管类型各有利弊。实践中选择哪种征管模式往往受到一国历史传统、文化基础、经济发展水平、征管技术等多个因素的制约。总遗产是对被继承人遗留的财产价值课税，其征管成本较低但不考虑纳税人的经济承受能力和纳税人与被继承人的亲疏关系。相对于总遗产税，分遗产税克服了总遗产税的缺点，设计较周全，但在实际操作层面容易造成逃避纳税。总分遗产税是"先税后分再税"，看似公平但是操作最难，目前采用该模式的国家只有意大利等少数国家。总之"先分后税"的分遗产税能够考虑纳税人的经济负担以及与被继承人的亲疏关系，体现了量能负担的公平原则，但容易导致税源的流逝，其征管成本高于总遗产税低于总分遗产税，世界上采用该种类型的国家最多。

具体到我国的遗产税模式而言，尽管我国目前的经济发展水平和征管技术基本上达到了开征的要求，但最大的障碍是遗产税与我国传统文化有些冲突，我国的传统文化更倾向于一旦发达要光宗耀祖、封妻荫子，且希望将财产留给子女，采用征管技术要求高的分遗产税和总分遗产税往往导致税源的流逝，遗产税也就很难"落地生根"。

另外，分遗产和总分遗产税虽然公平性好，但该模式要求的经济发展水平、社会认知程度、征管技术都较高。中国的家庭传统是喜欢"三代同堂"、"四代同堂"的大家庭模式，家庭的财产也往往是共同形成、共同使用，而且逝者往往生前不立遗嘱或者是口头委托，在这种方式下采取分遗产税或总分遗产税往往带来税基计算的困难，也增加了征管的难度。因此，我国在征收遗产税之初，应类似个人所得税的征收，先采取较为简单总遗产税模式，等我国进入到高等收入国家水平时在采用总分遗产税或分遗产税模式。尽管世界上的大多数国家采用分遗产税模式，但考虑到我国的国情，采用征管简便的总遗产税模式更为适宜。

二是纳税人确定。选择占人口 1% 的顶层收入群体作为遗产税的纳税群体。目前世界各国遗产税的纳税人主要集中在顶层富人群体，且以占人口 1% 的群体为主。从国际调查数据看，据波士顿咨询公司 2014 年的数据显示，2014 年中国私人财富规模达到了 22 万亿美元。[①] 同年，根据瑞士信贷银行发布的 2013～2014 年全球财富显示，中国有 118 万

---

① 《中国经济周刊》，http：//www.askci.com/finance/2015/04/15/10385koke.shtml。

人的资产超过了 100 万美元，占全球百万富翁（3480 人）的 3.39%，到 2019 年中国的百万美元富翁有望翻番，且中国中产阶层比 2000 年翻了一番，占全球的 1/3 之多，[①] 同年，中国有 152 位富翁登上了世界亿万富翁排行榜。从国内调查数据看，《中国民生发展报告 2014》显示，"我国家庭财产不平等程度在迅速提高，顶端 1% 的家庭占有全国三成以上的财产，底端 25% 的家庭仅拥有全国一成的财产"。[②] 因此，国内外的调查研究均显示出，无论是我国目前富翁的规模上还是从财产形式上均能为我国今后遗产税的开征提供稳定的税源。基于此，我国未来遗产税的纳税人群选择应以占人口 1% 的顶层收入群体为主力军，税收管辖权应采用居民管辖权和地域管辖权并用的原则确定我国遗产税的居民纳税人和非居民纳税。这一点可以参考现行个人所得税的做法，采用住所标准和居住时间标准确定我国的遗产税纳税人。凡在我国境内有住所或者没有住所但居住满 5 年的确定为居民纳税人，其境内外遗产税所得（除位于境外的不动产外）都应向我国缴纳遗产税，至于住所标准是采用经常居住地还是永久性住所，建议与个人所得税一致，考虑到永久性住所不好操作，我们建议采用经常居住地标准。

三是税率设计。遗产税的税率应采用超额累进税率，并且最高边际税率不宜过高，档次不宜太多。我们知道，利用直接税调节贫富差距的主要抓手是税率的设定，是税法的核心要素，它直接反映了纳税人税负的高低，也是产生经济效应的主要因素之一。目前发达国家的遗产税一般采用的最高边际税率较高，而发展中国家采用的最高边际税率一般较低。我国在开征遗产税时不妨先采用较低的最高边际税率，让其首先发挥社会公平信号的作用，在这一点上的意义更为重要。例如波兰的遗产税的最高边际税率为 20%，这与其他发达国家最高边际税率一般在 40% 的水平相比，显然税负要轻，在其他税制要素相同的情况，显然税率低的对市场的扭曲程度要小。因此我国遗产税的税率设计应本着轻税负的原则进行设计，最高边际税率可以定在 10% 左右。

四是免征项目的确定。在遗产税的税前扣除项目上，各国的免税范

---

① 瑞士信贷银行将财富在 1 万 ~10 万美元的人定义为中产阶层。中国经济网，http://www.ce.cn/xwzx/gnsz/gdxw/201410/15/t20141015_3709578.shtml。

② 《中国民生发展报告：财富不平会自我强化》，中国经济网，http://cen.ce.cn/more/201407/25/t20140725_3232048.shtml。

围基本类似，遗产税的免征额设计要考虑被继承人的生前债务、丧葬费用、公益性捐赠、并按照亲疏关系设定不同的免征额，配偶之间的遗产继承应采取免税方式。同时，免征额应该与物价指数挂钩，以消除通货膨胀带来的不良影响。

五是完善相关制度建设。随着我国《物权法》、《不动产登记暂行条例》等财产制度的相继完善，我国目前基本上具备了房地产方面的财产登记制度，但在遗产继承等方面的法律还需要进一步完善，主要是对遗嘱的有效性、继承顺序等加以明确。另外，在财产登记制度逐步完善的同时要逐步提高财产的透明度以提高征管效率。而且要将遗产税收入划分为地方税种，但立法权放到中央，由中央统一立法。一方面可以在全国范围内调节财富分配；另一方面可以增强地方征管的积极性和有效性。最后，要完善地方财政转移支付制度，对于遗产税的收入可以专款专用，可主要用于低收入群体的教育支出或劳动技能培养方面的支出，以从根本上缩小贫富差距。

六是在征收遗产税的同时应征收赠与税。从目前征收遗产税的国家来看，征收遗产税的国家一般也征收赠与税。我国在未来征收遗产税时也应同时征收赠与税，或者合并征收。如果单独征收赠与税，其税率不宜过高。

# 参 考 文 献

1. 阿兰·J·奥尔巴克和马丁·费尔德斯坦：《公共经济学手册》第 1 卷，经济科学出版社 2005 年版。

2. 安东尼·B·阿特金森、弗兰科斯伊·布吉尼翁主编，蔡继明等校译：《收入分配经济学手册》，经济科学出版社 2009 年版。

3. 北京师范大学收入分配研究院课题组：《遗产税制度对中国收入分配改革的启示》，载《东方早报》2013 年 3 月 12 日。

4. 陈健、黄少安：《遗产动机与财富效应的权衡：以房养老可行吗？》，载《经济研究》2013 年第 9 期。

5. 陈思进：《争议中成长的美国"遗产税"》，载《新金融观察报》2012 年 6 月 11 日。

6. 陈毅：《对分配正义的论争及相关理论的逻辑起点——基于自由主义、社群主义和马克思主义的考察》，载《中南大学学报（社会科学版）》2012 年第 6 期。

7. 戴维·米勒著，应奇译：《社会正义原则》，江苏人民出版社 2001 年版。

8. 丹·米勒，顾信文译：《征收遗产税的依据》，载《国外社科科学文章》2000 年第 10 期。

9. 德沃金：《认真对待权利》，上海三联书店 2008 年版。

10. 《法国征收超级富人税草草收兵被指劫富济国》，载《北京商报》2014 年 12 月 30 日。

11. 方福前、吕文慧：《从社会福利函数的演进看我国公平问题》，载《天津社会科学》2007 年第 3 期。

12. 付春：《邓小平先富共富理论对解决当前贫富差距过大问题的启示》，载《毛泽东思想研究》2010 年第 11 期。

13. 高凤勤：《促进我国居民收入公平分配的税收政策研究》，山东人民出版社 2014 年版。

14. 高凤勤:《基于分配正义的个人所得税研究》,载《地方财政研究》2009 年第 6 期。

15. 高凤勤、金延敏:《分配正义视角下遗产税财富公平分配效应机理分析》,载《税收经济研究》2014 年第 3 期。

16. 高培勇:《遗产税真的"中国不宜"吗?》,载《人民日报海外版》2006 年 12 月 7 日。

17. 龚辉文:《2011 年全球增值税税率的特点》,载《中国税务报》2012 年 5 月 23 日。

18. 郭齐勇:《儒家的公平正义论》,载《光明日报》2007 年 8 月 29 日。

19. 国家税务总局税收科学研究所编著:《西方税收理论》,中国财政经济出版社 1997 年版。

20. 哈维·S·罗森、特德·盖亚:《财政学》,中国人民大学出版社 2009 年版。

21. 韩霖等:《金融危机与全球化背景下的中国税制改革——专访 OECD 税收政策和管理中心前主任杰弗里·欧文斯先生》,载《涉外税务》2013 年第 2 期。

22. 郝春虹:《税收经济学》,南开大学出版社 2007 年版。

23. 郝如玉等:《税收理论研究》,经济科学出版社 2002 年版。

24. 何建华:《分配正义论》,人民出版社 2007 年版。

25. 何建华:《经济正义论》,复旦大学博士论文,2004 年。

26. 侯厚培:《中国设施遗产税问题》,载《东方杂志》1923 年第 10 期。

27. 胡锦涛:《在省部级主要领导干部提高构建社会主义和谐社会能力专题研讨班上的讲话》,载《人民日报》2005 年 6 月 27 日。

28. 胡联合、胡鞍钢:《贫富差距是如何影响社会稳定的?》,载《江西社会科学》2007 年第 9 期。

29. 胡联合、胡鞍、徐绍刚:《贫富差距对违法犯罪活动影响的实证分析》,载《管理世界》2005 年第 6 期。

30. 黄有璋:《论中国当代分配正义》,中央党校博士论文,2010 年。

31. 霍布斯著,黎思复、黎廷弼译:《利维坦》,商务印书馆 1986

年版。

32. 解学智、张志勇:《世界税制现状与趋势（2014）》，中国税务出版社 2014 年版。

33. 靳东升、孙矫:《近期世界税收变化及发展趋势的特点》，载《注册税务师》2012 年第 1 期。

34. 拉本德拉·贾:《现代公共经济学》，中国青年出版社 2004 年版。

35. 雷根强:《论我国遗产税制的建设》，载《厦门大学学报（社科版）》2000 年第 2 期。

36. 李常先:《中国大陆应否课征遗产赠与税之探讨——根据台湾经验》，暨南大学博士学位论文，2009 年。

37. 李永刚:《境外遗产税制度比较及其启示》，载《国家行政学院学报》2015 年第 1 期。

38. 林晓:《税收公平的四种体现与重塑我国税收公平机制》，载《税务研究》2002 年第 4 期。

39. 刘燕明:《国民政府时期遗产税的变迁、特征和作用》，载《税收经济研究》2012 年第 6 期。

40. 刘佐:《中国遗产税制度研究》，中国财政经济出版社 2003 年版。

41. 卢慧菲:《用税公平:事关民众纳税遵从度》，载《中国税务报》2006 年 4 月 21 日。

42. 罗伯特·诺奇克著，姚大志译:《无政府、国家与乌托邦》，中国社会科学出版社 2008 年版。

43. 罗兰·贝格等著，何卫宁译:《破解收入分配难题》，新华出版社 2012 年版。

44.《马克思恩格斯选集》第 3 卷，人民出版社 1995 年版。

45. 迈克尔·沃尔泽著，褚松燕译:《正义诸理论——为多元主义与平等一辩》，译林出版社 2002 年版。

46.《毛泽东选集》第 2 卷，人民出版社 1991 年版。

47. 乔治·拉姆塞著，李任初译:《论财富的分配》，商务印书馆 1984 年版。

48. 曲顺兰:《高新技术企业自主创新能力再造策略研究——基于企业、市场与政府的视角》，经济科学出版社 2014 年版。

49. 塞缪尔·弗莱施哈克尔著，吴万伟译：《分配正义简史》，凤凰出版传媒集团译林出版社 2010 年版。

50. 沈秋莎：《遗产税在美国》，载《陆家嘴》2013 年 12 月 2 日。

51. 沈铁蕾：《遗产税、家族企业与劳动决策——基于香港上市家族企业面板数据的实证研究》，载《财贸经济》2013 年第 3 期。

52. 沈铁蕾：《遗产税、家族企业与投资决策——基于香港上市家族企业面板数据的实证研究》，载《财政研究》2012 年第 12 期。

53. 斯蒂格利茨：《公共经济学》（中译本），上海人民出版社 1994 年版。

54. 孙文学、刘佐：《中国赋税思想史》，中国财政经济出版社 2006 年版。

55. 《孙中山全集》第九卷，中华书局 1981 年版。

56. 唐召云：《社会公平基本特征及其实现途径》，载《贵州工业大学学报》（社会科学版）2008 年第 10 卷第 3 期。

57. 田中孝一：《马克思的分配正义论》，载《国外理论动态》2008 年第 1 期。

58. 托马斯·皮凯蒂：《21 世纪资本论》，中信出版社 2014 年版。

59. 汪行福：《分配正义与社会保障》，上海财经出版社 2003 年版。

60. 王晓青：《十六大以来中央领导集体的公平正义观探析》，载《学术论坛》2010 年第 11 期。

61. 王旭：《从日本遗产税税制看我国遗产税税制设计》，载《经济视角》2013 年第 9 期。

62. 王勇：《公平与效率视角下我国个人所得税研究》，西南财经大学博士论文，2009 年。

63. 王正平、李耀锋：《美国遗产税政策的伦理基础及其对社会道德产生的影响》，载《湖北社会科学》2014 年第 5 期。

64. 魏缇如：《中国税收大辞典》，中国经济出版社 1991 年版。

65. 沃尔夫岗·朔伊布勒著，王婷婷译：《德国财政部长：税收为何选择"全球化"道路》，载《中国税务报》2014 年 11 月 19 日。

66. 吴松林：《凯恩斯主义财政政策观点及其评论》，载《淮南师范学院学报》2003 年第 2 期。

67. 谢百三、杨能：《遗产税效应比较及其对我国的启示》，载《价格理论与实践》2013 年第 12 期。

68. 熊伟、叶金育：《谋定而后动：遗产税开征的理想与现实》，载《东方早报》2013 年 10 月 29 日。

69. 许家印：《内地新晋首富许家印：开征遗产税引导企业慈善》，载《新京报》2010 年 3 月 10 日。

70. 许文：《税收公平内涵的历史演变及理论发展前瞻》，载《财政研究》2004 年第 6 期。

71. 亚当·斯密：《国富论》，商务印书馆 1974 年版。

72. 燕芝、陈国勇：《民国时期我国遗产税的提出和开征》，载《乐山师范学院学报》2011 年第 26 卷第 3 期。

73. 阳芳：《五种分配公正观及其当代价值》，载《山东社会科学》2011 年第 8 期。

74. 杨斌：《对西方最优税收理论之实践价值的质疑》，载《管理世界》2005 年第 8 期。

75. 杨斌：《税收公平和税制改革》，经济科学出版社 1999 年版。

76. 杨斌：《税收学》，科学出版社 2011 年版。

77. 杨春学、张琦：《如何看待〈21 世纪资本论〉对经济学的贡献》，载《经济学动态》2014 年第 9 期。

78. 杨慧芳：《我国开征遗产税的困境与突破——基于文化的视角》，载《地方财政研究》2012 年第 2 期。

79. 王宗凯等：《遗产税，绝对的富人税》，载《环球》2013 年 11 月 4 日。

80. 禹奎：《美国遗产税理论研究综述》，载《涉外税务》2006 年第 7 期。

81. 禹奎：《我国开征遗产税的现实意义分析》，载《涉外税务》2010 年第 10 期。

82. 喻开志、陈良：《累进的遗产税如何扩大居民消费需求——基于累进遗产税率的李嘉图等价模型研究》，载《消费经济》2013 年 2 月第 29 卷第 1 期。

83. 约翰·罗尔斯著，何怀宏、何包钢、廖申白译：《正义论》，中国社会科学出版社 1998 年版。

84. 约翰·穆勒著，胡企林、朱泱译：《政治经济学原理及其在社会哲学上的若干应用》，商务印书馆 1991 年版。

85. 约瑟夫·E·斯蒂格利茨著，张子源译：《不平等的代价》，机械工业出版社 2014 年版。

86. 翟继光：《挑动富人神经的遗产税》，载《中国新时代》2012 年第 12 期。

87. 詹碧英：《初次分配也要注重公平》，载《泉州晚报》2007 年 10 月 31 日。

88. 张巍：《中国需要现代化的遗产税——观德国遗产税》，浙江工商大学出版社 2014 年版。

89. 张馨、杨志勇等：《当代财政与财政学主流》，东北财经大学出版社 2000 年版。

90. 张永忠：《民国时期遗产税开征的八大启示》，载《财政经济评论》2012 年第 2 期。

91. 张永忠：《遗产税：不可或缺的社会心理疏导机制》，载《税收经济研究》2011 年第 4 期。

92. 张永忠：《遗产税功能的演变》，载《广西财经学院学报》2012 年第 25 卷第 2 期。

93. 郑志刚：《法律制度外的公司治理角色——一个文献综述》，载《管理世界》2007 年第 9 期。

94. 《直接税处印发遗产税宣传纲要及计算公式的训令》（1940 年 7 月 14 日），见《中华民国工商税收史料选编》第四辑上册，南京大学出版社 1994 年版。

95. 中国国际税收研究会：《世界税收发展研究报告（2011 年）》，中国税务出版社 2012 年版。

96. 钟祥财：《中国收入分配思想史》，上海社会科学院出版社 2005 年版。

97. 周全林：《论"三层次"税收公平观与中国税收公平机制重塑》，载《当代财经》2008 年第 12 期。

98. 朱继民：《代表建议向富裕人士开征遗产税》，中国网，2012 年 3 月 14 日。

99. 朱明熙、代灵敏：《美国个人所得税对贫富差距的影响——基于 1913～2011 年经验数据分析》，载《财经科学》2014 年第 4 期。

100. Andrew Ellul, Marco Pagano, Fausto Panunzi, "Inheritance Law and Investment in Family Firms", Forthcoming in the American Economic Review September (2008): 41 –42.

101. Anne L. Alstott, "Equal Opportunity and Inheritance Taxation", Harvard Law Review Vol. 121, No. 2 Dec. (2007): 469 –542.

102. Anne L. Alstott, "Equal Opportunity and Inheritance Taxation", Harvard Law Review Vol. 121, No. 2 Dec. (2007): 469 –542.

103. Burkhard Heer, "Wealth Distribution and Optimal Inheritance Taxation in Life – Cycle Economies with Intergenerational Transfers", Munich Discussion Paper No. 2000 – 10: 17 – 26.

104. Burkhard Heer, "Wealth Distribution and Optimal Inheritance Taxation in Life – Cycle Economies with Inter-generational Transfers", Munich Discussion Paper No. 2000 – 10: 17 – 26.

105. Cagetti, Marco and Mariacristina De Nardi: Wealth Inequality: Data And Models, Macroeconomic Dynamics, 12 (S2), 285 –313.

106. Colin M, Macleod, A Critique of Liberal Equality. Liberalism, Justice and Markets, Oxford: Clarendon Press, 1998。

107. Douglas Holtz – Eakin, The Death Tax: Investment Employment, and Entrepreneurs. Tax Notes. Vol. 84, No. 5. (1999): 782 –792.

108. EdwardJ. McCaffery. Rethinking the Estate Tax [N]. Tax Notes Today, 1996 – 6 –22.

109. Edward N. Wolff, Top Heavy: A Study on Increasing Inequality of Wealth in America Newly updated and expand edition. New York: News press.

110. Emmanuel Farhi, IvÀn Wernin, "Estate Taxation with Altruism Heterogeneity", American Economic Review: Papers & Proceedings 2013, 103 (3): 489 –495.

111. Emmanuel Saez, UC Berkeley "Striking it Richer: The Evolution of Top Incomes in the United States" (Updated with 2012 preliminary estimates).

112. Erik Lueth, "Can Inheritances Alleviate the Fiscal Burden of an Aging Population?", MF Staff Papers Vol. 50, No. 2 (2003): 178 –199.

113. Facundo Alvaredo, Anthony B. Atkinson, Thomas Piketty, Emmanuel Saez, "The Top Percent in International and Historical Perspective," Journal of Economic Perspectives, 2013, 27 (3): 3 – 20.

114. F Dell, "Top Incomes in Germany and Switzerland over the Twentieth Century", Journal of the European Economic Association Volume 3, Issue 2 – 3, April – May (2005): 412 – 421.

115. Henriette Houben, Ralf Maiterth " Endangering of Businesses by the German Inheritance Tax? – An empirical analysis", Verband der Hochschullehrer für Betriebswirtschaft e. V. Volume 4, Issue 1, March (2011): 32 – 46.

116. James R. Hines, "Income and Substitution Effects of Estate Taxation", merican Economic Review: Papers & Proceedings 2013, 103 (3): 484 – 488.

117. Jane G. Gravelle, Steven Maguire, "Estate and Gift Taxes: Economic Issues", Updated January 31, 2003, Congressional Research Service.

118. Jenny B. Whal, "From Riches to Riches: Inter-generational Transfers and the Evidence from Estate Tax Returns", Social Science Quarterly, Vol. 84, Number 2, June 2003.

119. Joseph E. Stiglitz. Notes on Estate Tax, Redistribution, and the Concept of Balance Growth Path Incidence, Journal Political of Economy 86, no. 2 (1978): s137 – 150.

120. Joshua S. Gans and Andrew Leigh, "Did the Death of Australian Inheritance Taxes Affect Deaths?", The Australian National University Centre for Economic Policy Research Discussion Paper, No. 530, August 2006.

121. Kathleen McGarry, "The Estate Tax and Inter Vivas Transfers over Time", American Economic Review: Papers & Proceedings 2013, 103 (3): 478 – 483.

122. Kenneth Scheve, David Stasavage, "Democracy, War, and Wealth Lessons from Two Centuries of Inheritance Taxation1", Yale University, New York University, October (2011): 44 – 45.

123. KOnemund, Harald; Motel – Klingebiel, Andreas; Martin Kohli:

Do Intergenerational Transfers From Elderly Parents Increase Social Inequality Among Their Middle – Aged Children? Evidence from the German Aging Survey, Journals of Gerontology Series B: Psychological Sciences & Socia; Jan2005, Vol. 60B Issue 1, 30.

124. Knut Wicksell 1958 Studies in the Theory of Public Finance // R. A. Musgrae and A. T. Peacok. Classics in the Theory of Public Finance. London: The Macmillan Company: 72 – 117.

125. Larry M. Bartels, "Homer Gets a Tax Cut: Inequality and Public Policy in the American Mind", August 2003, Revised: 5 March 2004: 1 – 3.

126. Lily Jiang, "Estate tax and lifetime income inequality", Economic Modelling, Volume 27, Issue 3, May (2010): 613 – 619.

127. Lily L. Batchelder, "Taxing Privilege More Effectively: Replacing the Estate Tax with an Inheritance Tax", New York University, lily. batchelder@ nyu. edu, 7 – 24 – 2007.

128. Lily L. Batchelder, "Taxing Privilege More Effectively: Replacing the Estate Tax with an Inheritance Tax", New York University, lily. batchelder@ nyu. edu, 7 – 24 – 2007.

129. Marco Albertini, Martin Kohli & Claudia Vogel: Research Group on Aging and the Life Course, December 2006: 5 – 36.

130. Marcus Eliason, Henry Ohlsson "Timing of death and the repeal of the Swedish Inheritance tax", March26, 2010; Download from http: //www. nek. uu. se or from S – WoPEC http: //swopec. hhs. se/uunewp/.

131. Martin Feldstein. 1976. On the theory of Tax Reform. Journal of Public Economics, 6: 77 – 104.

132. Michael J. Graetz, "Death by a Thousand Cuts: The Fight Over Taxing Inherited Wealth".

133. Musgrave. The Theory of Public Finance, New York: Mcgraw Hill, 1959.

134. Natalie Lee, "Inheritance tax-an equitable tax no longer: time for abolition?", Legal Studies, Vol. 27 No. 4, December (2007): 678 – 708.

135. Nathan D. Grawe and Casey B. Mulligan, "Economic Interpretations of Inter-generational Correlations", Journal of Economic Perspectives,

Volume 16, Number 3, Summer (2002): 45 – 58.

136. Prabhakar, Rajiv, Rowlingson, Karen and White, Stuart "How to Defend the Inheritance Tax", http: //oro. open. ac. uk/313.

137. Prabhakar, Rajiv, Rowlingson, Karen and White, Stuart "How to Defend the Inheritance Tax", http: //oro. open. ac. uk/313.

138. Prashant Prakash, "Property Taxes Across G20 Countries: Can India Get it Right", OXFAM India Working Papers Series January (2013): 10.

139. Prashant Prakash, "Property Taxes Across G20 Countries: Can India Get it Right", OXFAM India Working Papers Series January (2013): 10.

140. Radke, Amanda: Do You Support A Repeal Of The Death Tax?, Beef, 2013.

141. Sitabhra Sinha, "Evidence for Power-law tail of the Wealth Distribution in India", Preprint submitted to Elsevier Science, 2 February (2008): 1 – 8.

142. Thomas Piketty, Emmanuel Saez "A Theory of Optimal Inheritance Taxation", Econometric, Vol. 81, No. 5 September (2013): 1851 – 1878.

143. William Beranek, David R. Kamerschen, Richard H. Timberlake, "Charitable Donations and the Estate Tax: A Tale of Two Hypotheses", American Journal of Economics and Sociology, Vol. 69, No. 3 July (2010): 1055 – 1077.

144. William Beranek, David R. Kamerschen, Richard H. Timberlake, "Charitable Donations and the Estate Tax: A Tale of Two Hypotheses", American Journal of Economics and Sociology, Vol. 69, No. 3 July (2010): 1055 – 1077.

145. William. G. Gale, Jole Slerod: Rethinking the Estate and Gift Tax: Overview, NBER: Working Paper 8250.

146. William G. Gale, Maria G. Perozek. Do Eatate Taxes Reduce Saving? Bookings Economic Papers, November11, 2000.

147. William G. Gale. Maria G. Perozek: "Do Estate Taxes Reduce Saving?", Brookings Economic Papers. November11. 2000.

148. Wojciech Kopczuk, "Incentive Effects of Inheritances and Optimal Estate Taxation", American Economic Review, American Economic Associ-

ation, Vol. 2013, 103 (3): 472 –477.

149. Wojciech Kopczuk, "Incentive Effects of Inheritances and Optimal Estate Taxation", American Economic Review, American Economic Association, Vol. 2013, 103 (3): 472 –477.

150. Wojciech Kopczuk, "Taxation of Intergenerational Transfers and Wealth", November 26, (2012): 3 –55.

151. Wojci Kopczuk, Emmanuel Saze (2004): "Top Wealth Shares in the United States, 1916 –2000: Evidence from Estate Tax Returns ", NBER Working Paper No. 10399.

152. Wojeleeh Kopezuk, Emmanuel Saez (2004): "Top Wealth shares in the United State1916 –2000: Evidence from Estate Tax Returns", NBER Working Paper 10399.